懂風水,住旺宅

完全圖解居家風水,結合空間設計與開運風水,
營造招財納福的健康宅!

風水命理名師
鄭雅勻——著

Preface 推薦序

　　風水和空間設計一直以來存在著瑜亮情結，兩者之間常難以兼顧；我過去設計的一些房子常被風水師修改後失去了原來風格或調性，因而感到不解甚至排斥。後來有機會認識鄭雅勻老師，她不但用生活角度和環境科學解釋風水和空間的衝突，也因為老師曾是室內設計師，懂得替客戶考量空間配置，這才發覺原來兩者非但不相違背，而且相輔相成，更符合我們公司致力於創造幸福空間的使命，除了提供賞心悅目的空間，更創造絕佳的氣場和能量。

　　閱讀本書更可體會到鄭老師的用心，希望透過最簡單的方式創造空間和諧性，並因應現代社會的家庭大小，依據不同坪數的空間比例規劃家具擺設、動線安排、顏色搭配，讓住屋者擁有最舒適自在的感受。正如老師所述，原則就是不違逆自然，注重地理環境與人之間的適切性，這本書我真心推薦給所有人作為如何獲得旺宅好風水的參考。

藝瓦空間設計總監 李淑惠

（經手案例有鼎宇建設-美術之星豪宅、太普建設-君臨豪宅、城揚建設-雙城匯豪宅與帝富麗豪宅、京城建設-曼陀羅豪宅。）

　　之前常在螢光幕上看到鄭雅勻老師，她的專業和對命理風水的表達有別於他人，讓我耳目一新，並對看似玄學的風水有了不同的看法；之後透過朋友認識了鄭老師，其細膩的應對和分析，加上能以生活、心理角度和科學方式處理棘手的風水問題，讓所有問題都能因為她迎刃而解，不禁讓我十分折服和敬佩。

　　細讀鄭老師的新作《懂風水、住旺宅》，更讓人感到風水完全不可忽略，風水就是科學和心理學的結合，更沒有宗教藩籬，並讓我意識到住家品質就是主人運勢、人生態度和心理狀態的反射。本書言簡意賅、插圖活潑，一來讓我們自己就能診斷居家風水，擁有健康的居住環境，二來也可避開設計不良與風水禁忌；看完後能感到老師的無私，就是要讓更多人透過居家布置的小小改變，不須耗費昂貴的風水商品，就能讓命運大不同。本人能為這本值得收藏的書寫序深感榮幸，每個人只要改變不良習慣就有機會逆轉勝，在此祝福各位藉由住旺宅，掌握自己人生賽局的關鍵密碼。

美商婕斯環球集團大中華區總裁 李偉行

　　每個人都想擁有幸福快意的生活，而「家」在其中扮演著非常重要之角色，因為他是一個人休息、活動、工作及娛樂等之重心，也可以說是一個人所有能量來源之所在，其重要性不言可喻；因此住的舒適與否、對我們能否有加成作用，就顯得益發重要。一般人因為不懂甚至是無知，導致居住品質不良，進而影響到一個人的健康、事業、運程，這些例子頻頻出現在我多年輔導諮詢的案例之中。當然坊間為了因應這樣的需求，就有許多居家風水的書籍來協助讀者或有心了解的人，能夠快速進入其堂奧。

　　而這本《懂風水，住旺宅》，除了希望讓想要了解的人一目瞭然之外，亦希望讓風水能夠更晉及，甚至為大眾所了解和接受。風水是一個不分種族和宗教都可以遵循的原則和注意的事項，因為風水說穿了，就是要讓所有人住的開心、安心、順心的一門環境科學而已。

　　本書羅列許多案例和導致不良影響的風水現象，同時提供最簡易好懂之化解或避免方式，希望能從良好居家磁場開始，讓好事發生，更能遠離疾病或困難；或許有人覺得無稽之談或多此一舉，其實只要能夠讓自己住的環境空氣流通，並感到舒服喜樂就是最好的風水了。

　　作者特別將多年的實務經驗結合室內設計專業，將說明搭配簡易圖面，讓所有人一看就懂，消除因為不必要之解讀障礙所導致之誤解發生。祝福大家有一棟屬於自己的幸福居所。

Contents 目錄

 風水養成基本功　06

 空間設計＋開運風水＝創造幸福的健康宅　32

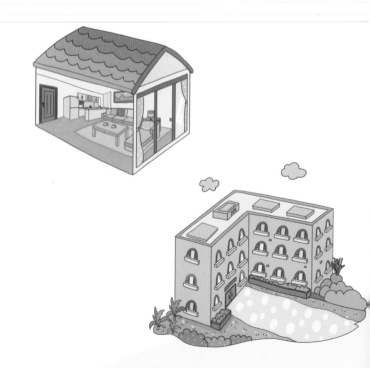

Part1

風水養成基本功

概念篇！風水就是住宅醫學

風水是什麼？我們真的瞭解風水嗎？
我們又是否真的需要風水？

　　風水在中國文化傳承中有著非常重要的影響力，實質上與道家陰陽五行等學說有很深的淵源，其現實作用和科學性，再加上人們趨利避害的需要，使得風水千百年來一直流傳著；在學術界，風水一開始曾被歸類於社會心理學領域的環境心理學，但隨著現代化、都市化、工業化的發展，已經延伸出更多的研究範疇，諸如地理環境、人文生態、自然現象，甚至到與人類的互動關係。

　　環境心理學家均深信環境是絕佳的心理平衡良方，而風水也該如此被定位，因其把自然環境和人的心理作用和諧地融合在一起。至於有人把風水當作迷信，但事實上它已被歸納了千百年，有形部分運用簡單的大自然原理，無形則結合了古人智慧和歸納學，長久以來也達到心安和治癒的效果。

　　相信風水與否或許牽涉到複雜的依附心理，但確實讓許多人沒有後顧之憂而能專心工作，因而成就大事業。以前風水師的角色比較像是「心理暗示師」，利用人性的慾念、追逐福份富貴的心理，把寄託說成希望。然而，儘管其暗示性極強，但一方面卻也證明，環境對人格的影響跟現代心理學家之研究不謀

風水學傳承了中國陰陽五行等思想，講求陰陽調和、五行俱全。

而合，如《寶鑑》上記載：「**山厚人肥，山瘦人飢，山清人貴，山破人悲，山歸人娶，山走人離，山長人勇，山縮人低，山月人達，山暗人迷，山順人孝，山逆人欺。**」

　　風水也是一門心理學，就如同醫生開出維他命卻號稱是標靶藥物一般，心理層面的安撫及營造舒適怡人的環境，遠勝過實質治療效果，透過心理暗示駕馭了人們心靈。相信風水的人，改過風水後覺得神清氣爽，就算處於凶地亦能泰然處之。風水的想像空間遠遠超過天文學、地理學的範疇，可說是一門天與人之間的關係學，搭起一座平衡天人之間的橋樑，提供人們一個需要和依靠的路徑。

住宅醫學講求環境與人的關係

　　據研究顯示，個人成功的因素包含先天和後天的條件，先天八字占40%、陰陽宅風水占30%、名字及色彩開運占15%、個人努力占15%，由此可見，風水所扮演之角色，看似玄學其實是科學，是將地球物理學、天文地質學、宇宙星體學、氣象學、環境景觀學、建築學、生態學，以及人體生命資訊學等合為一體的科

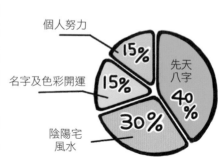

個人努力
15%

名字及色彩開運
15%

先天八字
40%

陰陽宅風水
30%

學，透過審慎地考察、瞭解、利用和改造環境，創造出良好的居
住空間，贏得最佳的天時地利與人和，達到天人合一的至善境
界。

　　簡言之，風水就是住的科學，也是住宅醫學。因為住家跟人
的生活有密切相關，如何將環境認知、氣候、溫度、光線、顏
色、聲音等變動參數，透過專業調
整，讓所住的環境與人的關係達到
和諧的境界。如同各地消防局所推
動之消防風水師一般，透過調查評
估，進行居家安全檢查，同時進行
調整維修或更新，預防任何因為人
為疏忽而造成火災或意外的可能。
這就是住家醫學的一環。

居家環境會影響人的健康，應透過專業
調整，讓居住環境達到優良的狀態。

　　周遭許多例子一再證實環境可以嚴重影響或能夠治癒人的心
理和身體，諸如當年二次大戰間，許多戰俘因為受到空間壓迫、
酷刑、受虐等處罰導致精神崩潰；現代人因為住的環境過於吵
雜，導致睡眠不足甚至危害到健康，但只要透過重塑生活環境、
裝修住宅來改善居家品質，就能有效治癒這些人，進而改善健
康，這已是不爭的事實。所以說，「風水就是住家醫學」這句話
是本書最主要想傳遞的理念，希望透過簡單的了解和調整，讓每
個人都能擁有健康的居家環境，從而獲得理想的人生。

風水養成 v.s. 空間要素

房屋和人都健康的基本要素

　　風水就是營造一個適合居住的
環境，最基本的，必須將人類賴以
生存的三樣元素，即陽光、空氣和
水考慮進去，而風水提到的形、
勢、氣，就是要此三元素能夠順暢
和諧。整體而言，氣順了就可以精
神飽滿、身體健康；氣虛了就會無
精打采、百病叢生。所以風水就是一種理氣的科學，學習營造好
的能量和氣場，創造適合的居家環境。

讓陽光、空氣和水保持順暢和諧，可營
造好的能量和氣場。

氣場的凶吉？！

　　檢視氣場不可只看住宅內而忽略
了大形勢，也必須注意住宅外的環
境，這將直接影響整棟住宅的吉凶。
所謂形、勢、氣，必須先顧大局再看
小局，才是完整的住宅醫學。形和勢
是可以觀察的，基本上有形無勢形成
孤獨的格局，連綿縱橫就可以產生氣勢，環環相扣並互為相守是
藏勢。形呢？稍微複雜些，必須仰賴經驗、靈感、直覺來判斷，
透過所謂威脅性、和諧性、互助性，即可分析形的好壞。

氣場檢視和營造，不可只看住宅裡面，
也必須注意住宅外面的環境。

沖與煞的觀念

　　舉例而言，一般常見現代的外部環境風水，很多人認為路沖的丁字路是很不好的格局，說看起來有如一把槍，會造成家破人亡；其實不能如此偏狹的認定，因為丁字路口來氣的方式，諸如：重不重、長不長，屬於俯沖的、平沖的、斜沖的，都有所不同；而住宅的主人是否有工作或是何種職業，是店家、政治、教育、醫務、軍警等，都帶來不同的效果。但不可諱言，丁字路來氣確實是較其他來氣重，帶有沖擊性。此外，風水學非常講究統一性和互補性，比如術語中的左青龍、右白虎、前朱雀、後玄武，就是統一性的要求；而在有缺失的風水裡，如何借勢錯位、以物化煞，就是所謂的互補性，以達調節和平衡。

丁字路帶有沖擊性，但可以利用借勢錯位、以物化煞，達到調節和平衡。

聚氣的能量五行

　　一般人可以從來氣、聚氣、去氣三方面來分析，最為客觀。第一，沒有來氣，就是缺少活水的源頭，沒有好的氣自然不會有活力和財運，例如：做生意的人需要比較大的來氣，若無害就不會有沖的問題；第二，如何留住好氣為我們所用，而不是來匆匆去匆匆，就是聚氣；第三，和緩的去氣而非快速導氣，能達到好的循環和流通，自然氣場能量足、新鮮且源源不絕。

　　沒有氣就無法生成和變化，氣的流通一定要有「氣口」，山峽是氣口、城市內道路是氣口、居家門戶是氣口。氣流以溫和有生氣為主，反之，若急促則不安定，吉氣和財氣都不能聚集，尤其氣流過強，會破壞人體能量之秩序，不利精神、智慧和健康的發展，也就會妨礙人生運程；然而，如果氣口無風、氣不流動，雖能聚氣，卻是煞氣、穢氣、濁氣遍佈空間，如此定將影響健康和運程發展。所以，過與不及都不當，若能得中庸風水即是最佳風水，再加上專業對五行界定，就更能有化腐朽為神奇之效。

居家門戶、山峽、城
市內道路皆是氣口。

　　風水注重氣場和能量，簡言之，就是不違逆自然、順勢而為，人類生存在地球上，地球所在的太陽系支配著人類，人就不能不注重地理環境的重要性，這就是風水。

　　前文曾提及一個人的成功元素裡，八字占了40%，就如同一個人生下來所具備之能量和先天條件，亦可以比喻成汽車引擎的排氣量，因天生能量只有1000cc，當然無法承載過高的車重或有更好的表現，但這一生難道就注定沒有成就了嗎？當然不是，只要能善用自然宇宙的能量，這股強大的能量是可以為人所運用，就像經過技術高超的技工改裝引擎和各項輔助裝備一樣，加裝噴射裝置和輔助引擎等等，讓1000cc引擎的車子也能有超出原有限制的表現，而這股自然力量就是地理風水。

只要善用風水的能量，每個人都有機會過著富裕且幸福的日子。

房屋的風水檢測—方位、建地、格局

風水方位代表的意義？

　　風水包含人如何去順應自然的深刻哲理，涉及到我國古代星相、哲學、美學、地質、地理生態等方面的知識。風水，講的是自然、氣場和能量，所以方位就成了最重要的因素，古人遵循易經「在天成象，在地成形」，仰觀天象，進而運用在地理及宅屋方位，傳統建築即以「四獸」論格局，為左青龍、右白虎、前朱雀、後玄武。

　　隨著時代演進，現代居家設計除了講究舒適和高雅，同時也關注陰陽調和、五行四象等法則。依據中國易經風水學所謂太極生兩儀、兩儀生四象、四象生八卦，繼而在八卦的基礎上演變出各種卦象，而八卦所主的八方，即東、南、西、北、東北、西北、東南、西南，是風水上最基本的八個方向。每一個方向對居家環境的影響都至關重要，均有不同意義和代表性。

方位代表意義

	西北	西	西南	南	東南	東	東北	北
八卦	乾	兌	坤	離	巽	震	艮	坎
自然	天	澤	地	火	風	雷	山	水
五行	金	金	土	火	木	木	土	水
人	父	少女	母	中女	長女	長男	少男	中男
身體	頭、肺、骨	大腸、口	脾、腹	心臟、目、小腸	膽囊、股	肝臟、足	胃、腰、手	腎臟、膀胱、耳

建地的基本原則

居家的房子不管面積是大是小，戶型一定要方正，舉例來說：如果一間房子缺了西北角，這個方位在周易的卦中為乾卦，乾卦主工作、事業、功名等，代表這間住宅或辦公場所沒有「父、頭、骨」。居住或使用這樣的空間者，父親（一家之主）或老闆易有意外、分居，或公司主事者無法掌控、容易易主，或住在其中的人為頭痛及骨骼疾病所苦。這個方位如果缺了，不論住家或辦公室都會受到很大的影響。

所以，建地或住宅均以方正為吉相，自古皆然，房子缺角就如同人體缺少某些器官一樣，然而現今因為地狹人稠，許多建地或住宅呈現不規則狀或缺角，尤其風水中最忌三角形、梯形或其它不規則狀的戶型，不得不慎。

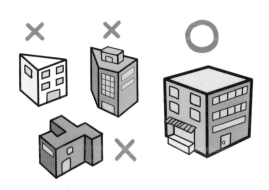

住宅以方正為吉相。最忌三角形、梯形或不規則形狀的戶型。

　　風水學非常重視背北朝南，強調「**背有大山，建城市、村莊最好**」。為什麼呢？因為住宅之吉凶取決於建築所在之氣勢和形勢。在購屋、選屋時，首先要慎選建地的地理位置。以下有一些建地及住宅基本原則供作參考：

1 建地宜後高前低，有穩固的屏障，加上開闊通暢的出路，可讓居住者心情愉悅，好運自然到來。另外，建地方正置為首要。

2 反之，建地後低前高的地勢非常不利於居住，整個房子給人一種後仰的感覺，形成壓迫之勢，也缺乏安全感，無形中造成居住者精神上的壓力。

---

3 建地後寬前窄，為聚財發達之地形，若在寬處加設花園更佳。

前　　後

4 具有吉相的建屋，如宅後有空地，主家運亨通；大門前有半圓形池塘，主財運亨通；住宅前圓後方，主無往不利；住宅長度大於寬度，主福澤綿長。

長

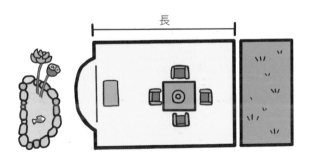

5 建地不宜在大型立交橋旁，易得神經衰弱、十二指腸潰瘍。

6 建地不宜在十字交叉的大路旁，易引起胃病甚至胃癌、腦中風、肺部和支氣管方面的疾病。

7 建地不宜在高壓電塔旁，易造成免疫機能下降，引起白血病、精神分裂症，嚴重者會引起各種癌症。須距離電塔300公尺以上較佳。

8 建地不宜在加油站旁。因為空氣污染嚴重，致癌機率高。

9　建地不宜在鐵道旁，易受噪音干擾，導致精神耗弱等疾病。

10　建地不宜在有玻璃牆的大樓旁。此會形成光煞，易得神經衰
弱、青光眼、白內障、慢性結膜炎、角膜炎。

11 建地不宜樓高地基小,或樓低而被四周大廈所包圍,易得精神憂鬱症狀之疾病。

12 建地不宜直接看到非常高大的煙囪、鍋爐,甚至是墳場,易引起腦血管疾病、腦中風、腦腫瘤。

13 住宅坐向不宜為正南或正北，此會讓主人際遇時好時壞、大起大落，因而不易安定、奔波操勞。

14 住宅若是西曬，家運一定不好。反之，東方早晨的陽光稱為「三陽開泰」，有利發展與創業。

15 住宅不宜正對寺廟或道士廟，
將導致居住者過於迷信宗教、
精神恍惚，有礙發展。

16 起居室或餐廳，置於住宅中心較佳。

17 廁所不可設置於住宅中心，除了容易生病，更有礙聚財和運勢。

18 廁所不宜正對廚房，將導致水火不容現象，使家中女主人的眼睛與心臟容易生病，並造成夫妻反目、感情不和。

19 司法機關對面不宜居住。因該
場所屬於至剛至陽的磁場和氣
場，居住者易引起官司與血光
之災。

20 特殊行業附近不宜居住。住宅
面對酒店及相關八大行業，或
在廟的後方，易犯陰煞，均為
不吉之地。對之或面向之，均
主桃花、孤辰及寡宿，居住者
必然影響婚姻和感情。

　　住宅的選址對於我們十分重要，千萬不要因經濟問題，而選
擇住在一個風水環境差的地方，如此一來真的後患無窮。筆者見
過許多例子確實證明其巨大影響，這也是為何經濟上比較困難的
人往往忽略風水問題，在無奈下選擇風水不好的地基和住宅，因
此導致「窮人無風水」、「窮人越窮，富人越富」的現象存在。

好風水的格局＆取座向

　　陽宅經典（陽宅集成）提出一個最簡易普及的方式，讓住宅內部隔間方位有基本的參考，整理口訣如下：

> 大門主房門朝南開
> 廚房門朝東忌西南
> 商業大樓座朝南忌東北及西南
> 長輩睡西邊保健康
> 小孩睡東邊眠眠大

　　另外，還有個令人困擾的問題，就是住宅該如何取座向才正確。因為一旦取向錯誤，所有的安排佈設就跟著都錯了，以下介紹常見的五種方法：

1 **以門取向：** 過去因為建築密度低的關係，「以門取向」為最常見的方法。而現代社會高樓林立，尤其在住宅密集區裡，出入的大門都在同一條走廊裡，這種情況下，「以門取向」就慢慢消失了。但是對很多別墅、農家、大廈和工廠，仍是以門為主要的取向原則。

2 **以空取向**：許多社區中間會設置花園和運動場，風水學上稱
這類空地為明堂，是藏風聚氣和聚財旺運的地方，如果住宅
的客廳、陽台和多數的窗戶都面向明堂的話，就該以明堂為
方向，這種方法稱為「以空取向」。一般五層以下、面向明
堂的住宅可採用以空取向；然而近年有很多大型社區住宅，
雖然樓高二、三十層，但因為佔地寬廣，中心擁有巨大的中
庭，不僅有草地、花園、游泳池，還有兒童樂園等生活設
施，使二十多層樓的住宅一樣可以面向中庭，所以也可以空
取向。

明 堂

3 **以陽取向**：此為目前專業人士使用最多的取向法，若大樓沒
有中庭就不適用以空取向，即可能適用「以陽取向」。這裡
的「陽」字不是指哪一方向可以透入最強的光線，就以那邊
定向，而是以入氣口的大小和窗戶的數量來判斷。因為風水

中氣的流通至為重要，打開門窗才可以真正地迎氣。有些設計良好的現代住宅，往往會有兩到三面的採光，這時，以光線定向也不能拿的準，應該以整個住宅裡，窗戶最多的那面牆來取向。

4 **以水取向**：若一個住宅建在河流的旁邊，或是面對湖泊、水塘、游泳池等，而又沒有其他定向的條件加入時，就可考慮「以水取向」。比如：池塘緊鄰住宅的東面，就可以說這個住宅向東。在城市風水裡「以樓為山，以路為水」，也就是說，如果住宅有一面向著馬路，在沒有其他定向條件的情況下，可用以水取向法確定住宅的方位。

5 **以虛取向**：當城市或社區的大樓過於密集時，樓與樓及房與房之間都會相鄰很近，以至於向下看不到地面，向上看不到天空，開窗看到的是鄰居的窗戶，開門就是窄巷和走廊，好不容易從一扇窗看出去，有一點遠景，但卻是高樓之間一道垂直的窄縫。問題是，這道窄縫並不能用於定向，它是風水俗稱的天斬煞，對健康有不好影響的煞氣。遇到這種情形，即可運用「以虛取向」，以住宅所在的社區或區域的方向為準。比如：主要出入道路的方向、社區的大門方向、所面對的主要空曠地的方向，或是離住宅附近區域最近的大馬路。

　　以上五種立向法不是全部方法，也不一定只能單一應用，面對千變萬化的地理環境，亦能將這些方法複合使用。

　　現代人在食衣住行各方面，都積極地透過學習汲取新知，想要藉由最健康、最合適的方式，獲得長壽、健康、快樂和舒適，而風水就如同住家醫學一般，提供一個健康的居住環境，提昇全家人整體的幸福指數。研究顯示，風水對個人和家庭的運勢影響非常大，如同食、衣、行一樣重要，必須審慎處理。當然筆者寫這本書最重要的目的，即是希望透過室內設計和科學風水，祛除不好的氣，讓「旺氣」充滿住宅，輕鬆打造你的快活窩。

Part2.

空間設計x開運風水＝
創造幸福的健康宅

玄關

入門便知興衰！玄關有如彼此不認識的朋友，在第一次見面時，若是打扮的漂亮得體，那麼彼此都會留下好印象，相反的，如果第一印象不好，也就無法深入交談；玄關，同樣給人這樣的感受，它是從大門進入客廳的緩衝區域，迎接財氣的第一個位置，它的布置關係到與家人、朋友的關係，是社交運的起點。

風水中強調的「小明堂」，就是指玄關，通常對全家的前途與事業發展有影響。玄關並非可有可無，而是要營造出明確的氛圍與功能，它一般與客廳相連，必須以簡單的手段做一些區隔，無論是透過裝飾、色彩設計、天花板和地板材質、燈光設計，或是簡單的壁畫擺設，甚至是用櫃子或屏風隔出玄關的基本空間，達到所謂的「與客廳相連而不間斷」。無論你的居家空間是大是小，將玄關創造出來，就等於開創貴人運的開始。

如何創造幸福的玄關？

幸福玄關Point 1　採光設計 ＋ 能量風水

　　玄關處的採光宜明不宜暗，明亮的玄關代表陽氣強，能為全家人帶來愉悅的心情。一般在玄關不會有窗戶，有時是居家最暗的地方，這跟房屋坐向的採光有關。光線不足的玄關，在風水上會形成陰氣，也就是沒有好的能量進入居家，無法營造旺氣，因此要注意入口的明亮度，如果採光不足時可運用燈光營造，或透過通透的磨砂玻璃擷取自然光或室內光線。

　　此外，一般有人會在玄關擺放收納櫃，建議其高度必須符合玄關大小，若空間不大，則避免收納櫃過高造成壓迫感，也會阻斷新鮮空氣及生氣。

採光充足的玄關會營造旺氣，將好的能量帶進房子。

幸福玄關Point 2　

大門是入財氣之口，所以玄關的設計與擺設相對來的重要。就風水的角度來說，玄關與大門之間的距離最好要有大門寬度的1.5倍，如果受限於空間問題，也至少要有大門寬度的1.2倍，絕對不可以讓玄關做下去後，大門只能開三分之二，或打開後剛好碰到玄關的牆面，這樣錢財與遠景財是會受阻的。

再來，玄關寬度也不能只做大門寬度的一半或三分之二，這樣反而有壁刀產生去切到大門，進而影響風水，出現病痛問題；玄關高度可以跟門框高度一樣，也可以直接做到頂，應視現場而定。

1.2-1.5a

玄關與大門之間的距離，最好要有大門寬度的
1.2至1.5倍。

幸福玄關Point 3　

風水學上講究「喜迴旋忌直衝」。如果在進門處即可將客廳與陽台一眼望穿，或直接看到大的落地窗，即形成俗稱「前通後通，人財兩空」的格局，對家居不利。所以，如有穿堂，那麼玄關就必須是完全不透明的，如果沒有穿堂，就可以使用透明或半透明材質。

玄關規劃要注意穿堂情形，進門不宜一眼望穿客廳，也不宜正對落地窗戶。

幸福玄關Point 4

挑高
格局
＋
相處
氣場

　　玄關必須與客廳有所區分，基本上若為一個獨立自主的空間，高度與寬度必定得講究。大門與玄關的天花板之間距離不宜過低，就風水上來說，有運勢低下或委曲求全之意。而且若是太低，會使人有壓迫感，本來回到家是開心且放鬆的，但是因為天花板過低，造成精神緊繃，自然增加彼此發生衝突的機會。此外也不適合將天花板設計成柵欄狀，這樣會有受困之象。大門與玄關的地板也可作圖騰設計，藉以提升玄關之氣場。

大門與玄關天花板之間的距離不宜過低，也不宜將天花板設計成柵欄狀。

幸福玄關Point 5  材質設計 ＋ 和諧風水

　　布置玄關的建材材質須以耐用和美觀為主，牆壁則要選擇平整光滑的材質較好。玄關處不宜雜亂，很多朋友將鞋子直接擺放在玄關，鞋與「諧」同音，如果鞋子亂擺，家庭必然不和諧；玄關的地毯必須擺放在室外，不宜擺在室內，在室內的地毯可是會沾到戶外不好的運氣喔！

玄關擺放鞋子應整齊，地毯應放室外。

幸福玄關Point 6

　　玄關是待人接物的開端。任何有利於玄關的擺設，都可以使人產生歡樂與幸福的感受，看玄關便會知道這家人對外的人際關係。尤其顏色會產生極大效果，黑色、大紅色可不能漆上牆面，那會使人產生極度不安的感覺，天花板顏色更要簡單明瞭；壁紙、地板色系最好採用中性偏暖的色調，會帶來柔和舒適的氣氛，令人很快忘掉外界的紛擾，感受到家的溫馨。

　　玄關的地板顏色宜較深沈。深色象徵厚重，地板色深象徵根基深厚，符合風水之道。如果要求明亮一些，可用深色石料包邊，而中間部份採用較淺色的石材。倘若選擇在玄關鋪地墊，其理亦同，宜選用四邊顏色較深而中間顏色較淺的地墊。

　　玄關的地板宜平整，可令宅運暢順，也可避免失足摔跤。而且玄關的地板宜儘量保持水平，不宜有高低上下，更不宜作階梯。有些人為了美化玄關，往往把地板打磨得十分光滑，這極易弄巧成拙，單從家居安全角度來說並不理想，有可能讓家人或賓客滑倒受傷。

壁紙、天花板色系最好採用中性偏暖的色調，地板顏色宜較深沈。

幸福玄關Point 7

玄關是居家風水中「藏風納氣」最好的位置。而玄關在西方風水中，更有帶來金錢運的影響，所以若房屋坪數許可的話，一定要設有玄關。在玄關區通常可擺放五色切花或是有香水味的花卉，或是掛上有花卉圖案的畫，都可以營造出家庭溫馨的感受。

有利玄關的擺設：擺上紅色鮮花有利家運、黃色鮮花有利財運、粉紅色鮮花有助於人際，而白色鮮花給人高貴與純潔的印象，單身男女可以創造愛情的機會，已婚者則象徵家庭和諧；切記不宜擺放空花瓶。植物方面，有尖銳葉片的植物不適合擺放在玄關，會使人產生距離感。

不利玄關的擺設：裝飾品、招財法寶不宜擺放過多，很多人會在玄關處擺貔貅、麒麟、招財貓等等，希望家中財運更旺，然而，過多非但不旺，更會阻擋氣流的運轉，氣一停滯，將阻擾財運；此外，狗的飾品會產生不和諧，切記不要擺。雨傘會產生溼氣，也不宜擺在室內。

玄關區可擺放五色切花或是有香水味的花卉，或是掛上有花卉圖案的畫。

空間設計＋開運風水＝
創造幸福的健康宅

幸福玄關Point 8　

有人會把玄關牆設計為鞋櫃，這裡有四項原則要注意：

一、只需下半部作為鞋櫃，上半部可作平台，平台後方是牆面即可。但是有些人需要整個玄關都作成鞋櫃，此時以風水來説，須注意上方1/3稱為天、中間1/3稱為人、下方1/3稱為地。上方可放雨傘或衣帽，如果要放鞋子，建議放比較少穿的鞋子，並用鞋盒裝好後放入；中間可放置家中常用的工具，如果要放鞋子，則跟前述處理方式一樣；下方就可放常穿的鞋子且不須裝進鞋盒。

二、鞋櫃宜設在進門處的左邊，正也是出門的右手邊。風水上強調左青龍、右白虎，而在虎邊擺上鞋櫃是比較理想的。

三、為避免鞋櫃臭味四溢，必須設法降低異味的產生。建議可以擺放咖啡渣或芳香劑等除臭用品。

四、鞋櫃不宜作太高。就風水來説，上方1/3稱為天，天不宜汙穢。在天的位置擺上很髒的鞋子，則不近長官、沒有貴人，也易犯小人，夫妻與家人之間無法溝通。

玄關若擺有鞋櫃，須注意擺設內容與除臭處理。

41

幸福玄關Point 9　

　　玄關的隱密性很重要。一覽無遺的玄關，無法營造玄關與客廳的區別，自然沒有任何效用，因此好的玄關必須用屏風或櫃子遮擋，才不至於「開門見廳」。開門見廳的情形不僅缺乏隱密性，家中成員的一舉一動都會被外人撞見，而且就風水來說，氣無迴旋，直沖必然影響家運。

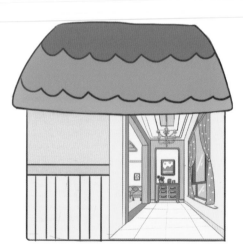

玄關必須有隱密性，不要從玄關進入後就看見客廳。

幸福玄關Point 10　

　　玄關鏡是時常會納入的設計物品。出門照鏡子，是希望給人好的第一印象，所以在大門某側安裝一面鏡子，尤其放在玄關中，是非常吉利的作法；但鏡子不宜直接對到門，一開門就看到自己總給人不安的感覺，而迎接陽宅的第一旺氣，也會隨著鏡子的折射，把從大門流入的旺氣及財氣反射出去，將財神拒於門外，因此玄關鏡宜在左右兩側。鏡子不可以鑲在天花板，這會產生倒影，使人有神魂顛倒、頭上腳下的感覺，更會產生不安與疏離感，這是風水上的大禁忌。

玄關處擺設的鏡子不宜對到大門，且天花板不可用
鏡子來裝飾。

幸福玄關Point 11

　　玄關過於狹窄或寬敞皆不宜。主掌財路的玄關，並不是越大越好，而要視空間大小決定。我們常說玄關是創造居家私密的第一個地方，倘若房子坪數太小，硬要做出一個玄關，就會使室內的使用空間變得狹窄，使人綁手綁腳，導致處事不順；而且因為空間變小，自然感到格外擁擠，導致心胸鬱悶，而易燥、易怒或不耐煩，容易發生糾紛和口角。

若室內空間有限，不建議隔出玄關位置。

幸福玄關Point 12　

玄關大門是守護家中的第一道防線。很多人在門上掛滿衣服，或是貼了小照片、月曆、明星劇照等，藉此想讓家中更溫暖一些，殊不知這可是風水中的大忌。門上掛照片有阻擋門神的意味，更容易招來邪靈入侵，而將衣服掛在門上，是進屋髒亂的開始，好運就此遠離。

再者，切忌為美觀而將大門設計成拱型，狀若墓碑，類似陰宅，會給家人帶來不幸。住家的大門設計聯繫著家人的運氣好壞，所謂寒門、貴門，均在此顯見。大門的尺寸也應與房子成比例，不可門大宅小或宅大門小。同時，大門是一家的面子，宜新不宜舊，如有破損，應立即更換。

另外，有「開門三見」可增進運勢之說。開門見「紅」，給人喜氣洋洋、溫暖如春的感覺；開門見「綠」，令整個空間頓時充滿生機，有舒緩情緒、解除壓力的功效；開門見「福」，意思是指一進門即能見到雅致的「福」字，其並非單指「福」字，一幅有白雲、藍天、小溪、流水等自然景物的圖畫或工藝品也包含在內，除了賞心悅目外，也起到調節緊張心境和體現屋主文化品位的作用。

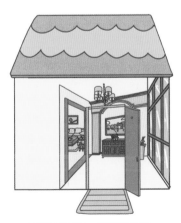

玄關的重點擺飾，能讓運勢提升。

幸福玄關Point 13

　　在風水上十分忌諱「開門即見淋頭水」。例如：玄關上方是廁所，所有人進門都被淋到髒水，如此不僅財神不進來，汙水、糞水更是順勢倒進滿堂，將導致財運不佳，健康受到影響。如果已是這樣的空間，建議一定要做隔離，民俗上會在天花板裡面擺上黃色毛巾與三十六枚古錢，作為化解之用。

在玄關處的上方，不可為廁所位置。

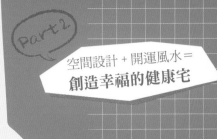
幸福玄關Point 14　

　　開門如果看到直樑從屋外貫穿到屋內，即所謂的「穿心煞」。開門大忌穿心煞，這可會產生事與願違的狀況，像是設定的目標很難達成，事業工作總是差人一等，每天也會有鬱卒和被壓迫的感覺，常常感到喘不過氣來，自然難以開心。因為考量建築的安全問題，基本上無須改變結構，而民俗上會將天花板做起來，並在天花板裡放上水晶柱，藉以避免扛著重重的責任，卻無法發揮預期效果的窘境。

若有貫穿屋外到屋內的直樑，應設計天花板裝飾
與擺放水晶柱。

客廳

　　客廳是陽宅風水中的核心位置，它關係到家庭整體的運勢好壞，無論是全家的名聲、財運或事業，甚至影響了家庭關係的和睦。因此，好的客廳風水可以為全家帶來幸福，使每位家庭成員受惠。

　　客廳同時是居家生活和社教宴客的主要場所，屬於家中的公共空間、家庭生活的重心，所以要注意使空氣順暢地流通於客廳之中，不可有聚積穢氣的死角。而且因為每一個人都會使用到客廳，它也是提升人生八大欲求（事業、財富、健康、社交、休閒、家庭、精神、知識）的最佳空間，所以其設計與布置都要更為重視。另外，客廳必須是居家活動空間中面積最大的，因為代表著主人的心胸與氣度，一個房子若沒有客廳，就會變得只像一般的旅館而已。

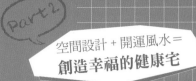

如何創造幸福的客廳？

幸福客廳Point 1　**格局方正** ＋ **財官兩盛**

　　基本上客廳須方正明亮，並以正方形或長方形為佳。有些住宅的客廳是狹長型（長邊是短邊的兩倍以上）、L型或其他不規則的形狀，這些都是不夠理想的格局。方正的客廳有一種堂堂正正、不偏不倚的氣勢，蘊含著四平八穩的吉祥寓意。狹長型容易使人胸懷不寬、氣量不大；L型也不夠大氣，難以合理的設計；不規則的形狀使人感覺心裡不舒服，在這樣的環境裡很難靜下心來。正所謂「客廳方正，財官兩盛；客廳歪斜，人丁不協」。

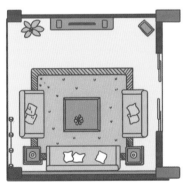

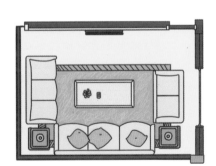

客廳的平面形狀以正方形和長方形為佳。

幸福客廳Point 2

　　一個房子一定要有客廳，並且要有正確擺設，在我經手的案例中，就有人有客廳但無擺設，不但造成家中成員不和諧，在溝通上也容易出現問題。那麼客廳要如何擺設才正確呢？客廳沙發應擺放在面對大門的位置，且最好為三人座沙發（或以三人座沙發為主位）或L型沙發，長的那一座擺放後，其左或右前方45度角為大門，以此作為基準，除了能隨時看到進出的人，掌握家中狀況之外，也較能看到各個空間的情形，不會產生背門而坐時的不安感。另一方面，正對大門也象徵正面迎財的意義，如果沙發背著門，就表示背向財運，且在工作上容易犯小人。

客廳沙發以3人座為主位，並且左或右前方的45度角為大門，是最佳的擺放位置。

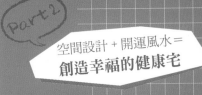
幸福客廳Point 3  沙發無靠 ＋ 小人無窮

　　從心理方面來說，沙發背後無靠，讓人沒有安全感，總有背後受襲之擔憂，倒不如靠牆來得心安理得。所謂「有靠」，指的是靠山，沙發後方有實牆可靠，無後顧之憂，這樣才符合風水之道。如果沙發背後是窗、門或過道，便等於是背後無靠山、一片空蕩蕩，呈散洩之局，難存旺氣。尤其，現在很多豪宅的客廳都很大，因此常會遇到沙發無法靠牆的案例，這樣的話必須在沙發背後擺放矮櫃，櫃子要高於人坐下後頭部的高度，運用「人造靠山」來予以補救，防止「沙發無靠，小人是非多」的問題。

　　沙發的擺設應如先進的港灣一樣，兩旁各有一臂伸出為宜。沙發在客廳中的重要角色，猶如國家的主要港口，必須能盡量納水，

沙發應靠牆擺設，若無牆面可以搭配矮櫃在背後當靠山。

才可興旺起來；優良的港口必定兩旁有伸出的彎位，形如英文字母的U字，猶如兩臂左右護持兜抱，而中心凹陷之處正是風水的納氣位，能藏風聚氣，以達到丁財兩旺。因此，如果是一人或兩人座沙發，就可以擺放在客廳的左右兩側，倘若沙發是直的一排，便猶如壯士斷臂，難有作為。如果因環境所限，不能左右都有臂護持時，可退而求其次，在去水位擺設另一座沙發，來迎納從大門流進來的水，形成聚水之格局，亦符合風水之道。

有些人將沙發擺設於大門門框，或開門時跟門片平行的那一道牆，都是不正確的擺設。因為無法立刻察覺何人進入家中，如此也易招致小人是非。如果因為空間限制而必須這樣擺設，則須在沙發靠近門口的位置擺放屏風，或是擺放坐下後高於頭部的櫃子，除了增加隱密性，更可以避免大門流進的水洩漏無遺，同時迎接來水進而招聚財氣。

沙發的擺設應如先進的港灣一樣，兩旁各有一臂伸出，而中心凹陷之處正是
風水的納氣位，能藏風聚氣，以達丁財兩旺。

幸福客廳Point 4

對於住宅風水來説，客廳的天花板是「天」的象徵，因而相當重要。客廳的天花板既象徵「天」，顏色當然以淺淡為主，例如：淺藍色象徵朗朗藍天，而白色則象徵悠悠白雲。天花板的顏色宜淺，而地板的顏色則宜深，以符合天輕地重之義。客廳的天花板宜高不宜低，現代住宅普遍層高為二點八米左右，但對於國人日益增加的身高，這個標準已經略有壓力，如果客廳屋頂再採用假天花來裝飾，設計稍有不當，便會顯得十分累贅，帶給居住者強烈的壓迫感。

假天花板為了遷就屋頂的橫樑而壓得太低，無論在風水或設計方面均不宜。在這種情況下，可採用四邊高而中間低的假天花板設計，不但視覺上較為舒服，而且天花板中間的凹位形成聚水的「天池」，對住宅風水也會大有裨益。若在這「天池」中央懸掛一盞金碧輝煌的水晶吊燈，尤其當「屋大人少」時更可使用，增加房屋的氣場並且旺宅，具有畫龍點睛之妙，但切勿在天花板上裝鏡，此乃風水大忌。

　　另外，有些缺乏陽光照射的客廳，日夜都昏暗不明，久處其中便容易情緒低落，如有這樣的情況，最好在天花板的四邊做成間接式天花板，並在槽中暗藏日光燈來加以彌補。日光燈所發出的光線最接近太陽光，且光線從天花板折射出來，也不刺眼，對於缺乏天然光的客廳最為適宜，並且日光燈與水晶燈可交替使用，白天用日光燈來照明，晚上則點金碧輝煌的水晶燈；但天花板照明不宜作成兩或三個框的設計，外觀上有如天羅地網的框架，容易產生壓力與病痛。

客廳的假天花板應設計成聚水的「天池」，顏色以淺色為主。

幸福客廳Point 5　**簡單風格** ＋ **心境清澈**

　　客廳擺設複雜，心情也易複雜，所以窗明几淨是客廳的第一要求，切忌擺太多家具。現在暴發戶不少，為了顯示財力，常在客廳擺一堆物品，如大型全套沙發、大型電視、整套落地音響、大型古董或木雕藝品，或在大落地櫃裡擺各種酒瓶、旅遊紀念品等，給人百物雜陳的感覺。從風水上來說並不好，多種不同磁場的物品放在同一房間，不僅室內磁力線混亂，氣場也不順。

　　客廳的主色和風格並非風水布置的主要因素，最重要的是格局和五行生剋所達成的能量平衡。例如：客廳若位於住宅的西南或東北方位，應用黃色系；位於東南方或正東方，應用綠色系；位於北方，應用藍色系；位於南方，應用紅色系；位於西北方或西方，應用白色、銀色或金色。

北（N）

西（W）←──→東（E）

南（S）

客廳的色系應搭配其位置做設計，並且不宜擺放過多裝飾品。
此圖客廳位於住宅的南方，宜用紅色系來裝潢布置。

幸福客廳Point 6　

客廳代表權利與地位的象徵，好的設計與擺設在風水上絕對會有加分效果，對內家庭和諧，對外亦會增加人緣，所以加強以下四個原則，將有助於整體家庭和居住者之運勢。

空間動線要順暢

家具擺設不可阻礙生活動線。試想：一進大門就面對牆壁；需經過一大段走道才能到達客廳；要到其它空間還得在沙發間三拐四彎才能到達，處於這種生活環境，怎麼會住得舒服順心，更何況還可能造成意外傷害。

家具擺設與隔間設計應優先考慮動線。

室內空氣要流通

室內空氣不流通，穢氣和灰塵聚集不散，身體自然會生病，這屋子風水當然不好，很容易有疾病或不進財等問題發生。不過若是穿堂煞，大門直接對到後門，會產生直線風，形成風煞，這樣的格局也很難聚財。

大門避免直接對到後門，會產生直線風，形成風煞。

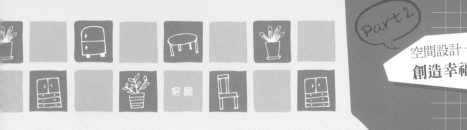

客廳

裝潢以舒適為首要

居家布置不同於商業空間，很多人在規劃設計新家時，參考賣場、餐廳、KTV、會場等設備和裝潢，弄得滿屋子富麗堂皇。一開始住的時候，會覺得十分新鮮、有趣、愉快，但過沒多久就會覺得老是少了什麼東西，而後感到在家又不如在KTV、餐廳的華麗，如此不用一兩年，婚姻包準就會出狀況。所以，裝潢住家還是要以舒適、溫馨、自在為原則。

NG

不要把客廳當成KTV來設計，容易過時並且不實用。

適當擺放吉祥飾物

　　依房屋的卦位和屋主的命卦，配合五行生剋、地支三合和三會，選擇適合的吉祥飾物擺放在喜用的位置，產生生、剋、制、化的作用，可發揮極大的效果。專業的風水老師，做出的風水是不露痕跡，不會讓人一看就知的。在此必須特別說明：吉祥物的擺放位置和方法不對，將會產生反效果。例如下元八運2004～2023年不可以在房子西方和東南方放魚缸，會導致破財、洩財。千萬得小心！

客廳擺放吉祥物應注意各方位宜忌，以免無謂破財。

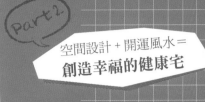

廚房

　　廚房為家中同時用火及用水的地方，不但要光線充足、空氣流通，還要保持乾燥和整潔，才能吸引並留住好的氣場。就傳統風俗來說，古時煮飯是用柴火燒，柴火與「財火」同音，故而爐灶有象徵財位之說，而火，也有延續生命、傳宗接代、生生不息的象徵。

　　廚房是料理全家人三餐的地方，廚房的好壞與衛生與否，關係著全家人的飲食健康問題，若沒有了健康，擁有再多的財富都沒有用。若廚房滿是油煙和垃圾，污穢的臭氣與料理的香氣對沖，形成混濁不清的氣場，不但好運不會上門，也大大影響全家人的財運。而理想廚房的要點，不在於空間大小，而在於如何充分運用，切記一定要掌握「該有的不能省」。比如說，小套房就選用單口爐，水槽可設計得小一點，讓料理台保有一定空間。

如何創造幸福的廚房？

幸福廚房Point 1

　　廚房設計與風水考量應著重實用性和便利性，原則要考量到風水的第一禁忌，那就是「水火對沖」的狀況，其影響擴及夫妻關係不睦、家人健康不利及意外血光之災。例如：爐灶背靠的牆面，其正後方不可是浴廁馬桶、澡盆或洗臉盆的位置。

　　如果是兩三層樓的房子，那麼爐灶的上方不可以是馬桶、澡盆、洗臉台或淋浴設施的位置，這樣都是水火對沖，主意外血光。就設計的考量上來説，若浴室的馬桶、澡盆等不慎有漏水的問題，就會直接影響到爐灶，這是很糟糕的衛生狀況。

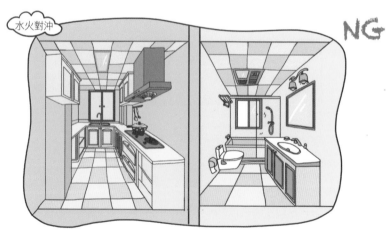

廚房的基本設計原則是避免「水火對沖」的狀況，如爐灶所靠的牆面，另一方就是浴廁澡盆之類的用水設備。

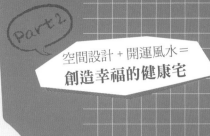

幸福廚房Point 2　人體工學　＋　健康財氣

　　廚房的設計需要完整考量人體工學和動線規畫。爐灶與洗碗槽最少要有60公分的距離，使用上才順手；爐灶對面不可是冰箱或水槽，否則不但會有水火對沖的問題，動線上也非常不便；而爐灶後方不可對廚房後門，爐灶上方不可以剛好是窗戶，因為此一設計將導致爐火的熱度受到影響，影響烹飪時間和結果，造成能源耗損，也意味會有破財之情況。

　　爐灶上方如果有橫樑，女主人的子宮或下腹部易有腫瘤，而且會有通風不良的問題，並造成料理空間的不舒適感。此外，如果想設計成開放式廚房，則須注意開門不能直接看到爐灶，因為爐灶代表財，有錢財外露的意味，而易有劫財和損財之情形。

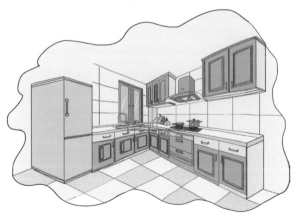

廚房設計應考量人體工學和使用動線，如爐灶和洗碗槽最少要有60cm以上的距離、爐灶對面不可放冰箱或水槽等。

幸福廚房Point 3

　　廚房水槽的水龍頭代表財和桃花，所以不可以直接對到大門和
客廳落地窗，否則易有爛桃花和損財情況。廚房門也不適合對到任
何房間門或廁所門，因為油煙易進入其他房間，造成污染。若因為
空間限制無法加裝廚房門，可以用吧台或家具遮擋，避免直接被外
人一眼望見。

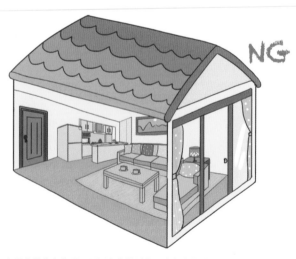

廚房水槽的水龍頭不可以直接對到大門和客廳落地窗，否則易有
爛桃花和損財情況。

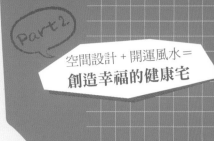

廚房

幸福廚房Point 4　　通風照明　＋　財神進門

　　廚房的通風與照明相當重要，不可沒有窗戶或是通風的門，因為爐灶相當於家中的財庫，須保持乾淨與通風，否則財神爺是不會進門的；若為密閉空間，除了必要之抽油煙機外，還須加裝必要的通風設備，保持清爽乾燥。廚房照明則以明亮為佳，並選擇較易清潔、不容易沾惹髒汙和油煙的燈具。

爐灶相當於家中財庫，故廚房須有窗戶或是通風的門，常保乾淨、通風以及明亮感，財神爺才容易進門。

○‖ 餐廳

　　餐廳是住宅中重要的生活空間，它是凝聚全家人情感的地方，不可以缺少或忽視它的存在。一個溫馨舒適的用餐環境，不僅可以促進食慾，將食物的營養完全吸收之外，更可以使疲憊的身心徹底放鬆。中國人更深信，吃飽飯才有力氣出外打拚，創造家中財富。

　　若說廚房是家中第一個財庫，餐廳即為第二個財庫，餐廳通常與客廳連接，在風水當中必須考量到設計的連貫性，在顏色與空間搭配上都必須給人整體感，也要考慮與廚房之間的距離。良好的餐廳位置可以為家中帶來財富，並增進家庭的和諧度，餐廳不宜設在房屋的中心點或是與廁所相鄰，較理想的位置是在客廳與廚房之間，方便廚房出菜，並拉近女主人與家人的距離；一般來說，建議餐廳位置較靠近廚房，除了對家人的健康有利，也避免廚房油煙進入客廳而阻擋了好運氣，這樣的格局也可增進親子關係。

餐廳

如何創造幸福的餐廳？

幸福餐廳Point 1

氣氛燈光 ＋ 用餐情緒

　　餐廳為家人的聚會場所，比較著重於用餐的舒適性及明亮的空間感。基本上，可利用燈光與顏色來營造，並且使用吊燈來增進用餐氣氛，如果餐廳夠大也可使用水晶吊燈。還有不建議在餐桌的側方或上方使用太多的鏡面，會使人感到緊張不安，好像隨時有人在看你一樣，也會造成小朋友在用餐時無法專心，一邊照鏡子然後一邊玩耍。

可利用柔和的燈光與顏色來營造用餐氣氛。小格局的餐廳可使用吊燈，大格局的餐廳則可用水晶吊燈。

幸福餐廳Point 2

　　餐廳使用圓桌、方桌或長方形桌都沒有特殊規定，只要空間許可，任何一種外型的餐桌都可以，並且時常注意保持桌面的乾淨。最好使用圓形或橢圓形餐桌，避免尖銳的桌角，以象徵家業的興隆和團結，如果使用方形的餐桌，則應避免坐在桌角，以免被煞氣沖到。

餐桌外型並未設限，若使用圓桌有象徵家族團結之意，若使用方桌亦可，但須避免坐在桌角，沖到煞氣。

幸福餐廳Point 3　 位置設計 ＋ 小破財

　　現在許多新房子在格局上都把餐廳設計在進大門入口處，所謂「開門見餐廳」是小破財，此種情形必須使用長方形餐桌，並把它布置成會議桌的形式，絕對不可以在桌上堆放食物，隨時保持乾淨整齊，就可以避免問題發生了！此外，餐廳最好離廁所有一定的距離，如果廁所就在旁邊，那麼廁所門須經常關上，或將其設計成隱藏式門片，才不會影響餐廳用餐。

若遇到「開門見餐廳」的情況，可將長方形餐桌布置成會議桌的形式，沒有用餐時保持桌面乾淨，即可化解小破財問題。

幸福餐廳Point 4

　　餐廳最好也不要擺放電視,這樣會減少家人之間的交流互動,同時對健康也有不良影響。建議可擺放福祿壽三仙,象徵財富、健康和長壽,另外水果和食物的圖畫也會帶來好運。如:橘子代表富貴、桃子代表長壽和健康、石榴代表多子多孫。

餐廳不宜擺放電視,會減少家人的互動。建議擺放水果或食物的圖畫,能帶來好運。

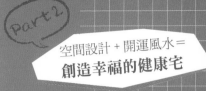

主臥房

　　人一天大約有三分之一的時間在臥房裡度過，臥房是每個人的避風港，又像是加油站一般。而陽宅風水學的三要素「門、主、灶」，即意指從這三方面可見一家人的興衰。門，指的是大門，觀大門可看財氣；主，指的是主臥房，從主臥房可觀家人的和諧度，同時也影響家中收入的來源；灶，指的是廚房，從灶可斷一家人財運。

　　風水學上說，大門旁邊要避開主臥房，免得家中收入來源讓人看得一清二楚，主臥房的風水，同時影響夫妻情愛的濃淡、桃花情緣的深淺、子嗣緣分，及男女主人身體健康的好壞，甚至男女主人的人際關係也由它來決定！風水也強調「光廳暗房」，意指臥房重的是浪漫，不可太過光亮。如果太亮，在外易犯小人，夫妻纏綿的情調亦較難醞釀，而且家人健康易受損，彼此的和諧度也不易保持。

如何創造幸福的主臥房？

幸福主臥房Point 1  舒適設計 ＋ 睡眠品質

　　主臥房是讓人好好放鬆與睡覺的地方，你可以想像去飯店住房的情景嗎？睡眠品質對我們的健康影響之深，好的臥房設計與風水考量能夠讓人有好的睡眠品質。簡言之，主臥房應保有隱密性與舒適性，設計與擺設則以溫暖柔和為主，獲得充分睡眠後，不但工作的專注力增加，事業連帶更上一層樓；反之，就會造成許多不良影響。

　　在主臥房裡，床的擺設為首要考量。床頭一定要「有靠」，即指靠牆，其後方不可是窗戶，上方不可有橫樑或直樑，這些都會影響到睡眠的安穩度。另外，床的側方亦不可壓樑，床頭側方不可對到門，床腳不可朝房門。

主臥房應保有相對的隱密性與舒適性，並偏重溫暖柔和的設計，營造可安穩入眠的環境。

幸福主臥房Point 2  柔和採光 ＋ 養生健康

　　主臥房的光線設計，須以睡眠為優先考量。在床墊範圍的上方不可以有燈具，否則會給人壓迫感，視覺上也會覺得直射於床鋪的光線過於強烈。在此建議可在床墊範圍外的天花板上裝設筒燈，或放置檯燈提供適度照明即可，如果想要裝設吊燈或吸頂燈具，也須作在床墊範圍外。若是在床的正上方裝上吊燈，即為「吊燈壓床」，對健康相當不利。從現代心理學角度，確實會給人心理暗示，增加心理壓力、影響內分泌，進而引起失眠、惡夢、呼吸系統疾病等一連串健康問題。

　　在臥室，使用間接光源來照明會比直接光源好。臥室如果有窗戶，白天時可以採光，使人精神暢快，而夜晚時窗簾擋住戶外夜光，使人更加容易入眠。但若是光線太暗或空氣不流通，使得陽氣不足、氣滯不暢，很容易令人頭痛昏沉、脾氣暴躁。

　　如果要設計間接照明，其天花隔板建議可設計成冂字型，床頭上方不作隔板。絕對不要作成框字型，風水上而言，容易有受困和病痛的發生；就空間設計而言，整個空間的視覺延展性會不足，躺在床上時無法完全放鬆，也就不容易好好地養生、健康地睡覺了！

主臥房的光線設計，以睡眠為第一優先考量，盡量採用間接光源來照明。

家裡不可缺少的三盞燈：

● 長明燈
深夜時分，眾人入睡，長明燈既方便夜歸者出入，亦為夜間如廁者照明。

● 明堂燈
門前區域是家宅的「小明堂」，在此及樓梯公共區域宜安置明亮指示燈。

● 財位燈
進門對角線45度處是堪輿上的形象財位，用燈照亮可令全家「錢」途光明。

幸福主臥房Point 3  衣櫃
設計 ＋ 房中房
爛桃花

　　以主臥房而言，衣櫃的擺放可設在床的側方或尾方。如果是設在側方，衣櫃長度最好能超過床尾，要不然會形成櫃角（壁刀）切到床尾，造成睡覺的人下肢循環有問題；如果是設在床尾正前方，衣櫃寬度最好也要大於床的寬度，否則，同樣也會形成切床尾而造成不良影響。

　　現在有些主臥房會設置更衣室，要注意更衣室的出入口不可對到床，而且也不建議作門，如此會形成「房中房」格局，有納妾或外遇的暗示，易招來「爛桃花」；倘若一定要做門，化解方式是在門上掛五帝錢擋煞。

衣櫃擺設要注意到櫃角不可切到床尾，否則會造成下肢循環出問題。

更衣室如果做門，就會形成「房中房」格局，易招爛桃花。

幸福主臥房Point 4　

化妝台通常擺設在入房門的45度角的床頭邊，而且鏡面不宜對床，因為鏡子的反射會妨礙睡眠，長期下來還會導致健康出狀況、夫妻失和及外遇問題；鏡子不宜對到自己的房門，因為鏡子會反射煞氣、穢氣和死氣，這樣一來容易發生嚇到自己的情形，長期亦會導致精神耗弱。

臥房的化妝台、窗戶，主桃花感情，想要有好歸宿之人，建議有正式的化妝台，且化妝鏡要大，同時設有夜燈照射鏡面，好機會和貴人才會增加；化妝台不能正對或緊貼房門、廁所門或窗戶，也不能擺在橫樑或冷氣下，愛情才不會有阻礙。

臥房要有正式的化妝台，並擺設在入房門的45度角床頭邊最為理想；
化妝鏡要大，同時有夜燈照射鏡面，好機會和貴人才會增加。

幸福主臥房Point 5

　　主臥房若裝設冷氣，要避免放在下述幾個位置：不可於床頭上方、不可於床尾上方、不可於床頭左或右側上方。因為在這些位置上，冷氣會直接吹向睡覺的人的頭部，容易有病痛與判斷事情錯誤的可能。最好的位置是在床的中間兩側上方。

　　窗戶為理氣進出之所，床頭貼近窗口容易犯沖，而在床上的人因看不見頭上的窗口，容易缺乏安全感，造成精神緊張，影響健康。此外，臥室如果帶有陽臺或落地窗，容易消耗睡眠過程中的能量，人也會因此失眠和疲勞。因為陽台設計會運用玻璃結構，如此無法保存人體的熱能，就生活角度而言，這就像是露天睡覺的邏輯一樣，容易感冒生病。遇到這種情形，建議在陽臺和落地窗掛上厚窗簾遮擋。

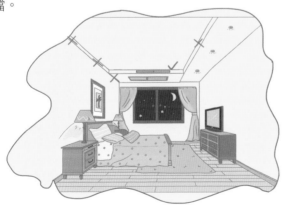

主臥房的冷氣出口應設在床的中間兩側上方，才不會直吹頭部，對健康和精神較佳。

幸福主臥房Point 6

主臥房的門在設計上有「三不」原則：第一，不可直接對到廚房門。因為容易造成廚房的油煙吹入主臥房，使得男女主人脾氣不好；第二，不可直接對到廁所門。因為廁所馬桶、排水口等會產生些許的臭味，造成臥房的空氣品質不佳，使得男女主人的腸胃消化系統不好；第三，不可直接對到大門。若一開大門就看到主臥房門，甚至是裡頭的床，則容易破財和犯小人。這其實也是一種私密空間的基本設計概念，現在有些建築設計，主臥房就設置在客廳沙發的牆面後方，所以開大門就會直接看到主臥房門，建議將其改為隱藏式門片，而且最好讓門片與客廳沙發的牆面成為一體設計，讓人看上去不知道有主臥房門，就可化解風水上的問題。

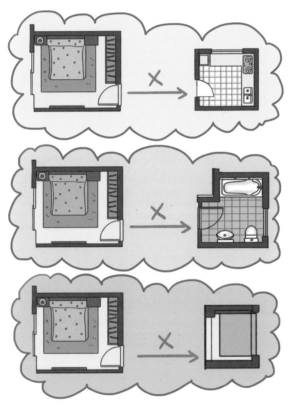

主臥房門有「三不」原則：不可對廚房門、不可對廁所門、不可
面對大門。

犯門沖煞一般分為四類，均能運用屏風或其他阻隔方式化解：

1.屋門對別人的屋門　　　3.房門對廚房門

2.房門對廁所門　　　　　4.房門對房門

 **浴廁**

　　浴廁是家中最污穢的地方，加上濕氣重，在空氣中隨時都隱藏了看不見的病毒與細菌。對女性來說，骯髒的浴廁也是造成婦科疾病的因素之一，並影響愛情運勢，因此，若能養成清掃浴廁的習慣，將有助於增進好桃花、健康與財運。

　　浴廁代表了個人的內心世界。整潔的浴廁代表此人有活力、行動力較高，因此較易遇到正桃花；相反的，骯髒的浴廁反映此人懶散、缺乏行動力，沉重的濕氣與陳年的黴菌更會帶來惡性循環，讓人不想出門，當然遇到正桃花的機率也就降低許多！所以，應該要注意浴廁的通風與採光，如果有窗戶，記得要經常打開，維持通風，若無窗，除了加裝通風設備之外，還可利用亮白的燈光，增加浴廁的明亮感。

如何創造幸福的浴廁？

幸福浴廁Point 1　　**門的設計** ＋ **化解問題**

　　在陽宅風水學上，浴廁應該設在家中較隱密的位置，但是現代建築有很多小套房或是3房2廳的房子，廁所就在進大門的左邊或右邊，剛好就是所謂的「開門見廁為破財」、「開門見廁爛桃花」；再者，也要注意廁所門不可對到房間門或廚房門。如有上述的情形，必須利用裝潢來化解，將廁所門設計成隱藏式門片，平常不用時隨手關上。

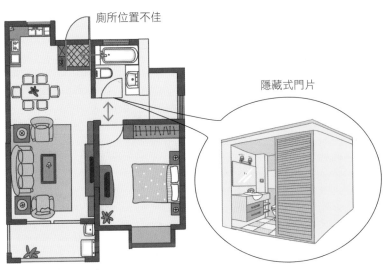

廁所位置不佳

隱藏式門片

廁所不宜設置在進大門的左右邊，也不能對到房間門或廚房門。

廁所門對到房間門或廚房門，可改裝隱藏式門片來化解。

幸福浴廁Point 2

　　浴廁建議要有窗，才能讓濁氣更容易排出，保持新鮮空氣的流通。有一些住宅的浴廁是完全密閉的，只安裝了排氣扇，而且也不是經常開啟。無窗的廁所，須特別注意通風及潮濕問題，最好能裝有吸頂式乾燥抽風機等設備，保持廁所乾淨與氣味良好，否則，如果廁所骯髒、潮濕或氣味不好，將會影響家人的健康和財運。若運用空氣清新劑或芳香劑，建議選擇天然成分，避免化學藥劑影響健康；但使用這類芳香劑也只是改變氣味，實際上對空氣品質並無改善。

浴廁無窗，應加裝抽風設備及運用天然芳香劑。

幸福浴廁Point 3 植物活化 ＋ 良好氣場

　　浴廁除了要有良好的通風外，平時也要保持乾燥與整潔，亦建議擺放生命力強、易栽種之植物，或特定礦石吸附穢氣、活化磁場。例如：可於有窗的浴廁內掛上土種黃金葛，沒有窗戶的浴廁內，則可在馬桶水箱上方，放3顆黃玉球以活化氣場，且不定時曝曬陽光接受大自然能量。

　　浴廁空間的採光務必明亮，例如：增加燈的盞數或是燈泡的瓦數。只要當進入此一空間感到明亮就可以，不需要整天燈火通明。

浴廁有窗，容易讓濁氣排出，再擺上植物，可以保持空氣新鮮。

幸福浴廁Point 4

有一種狀況是，浴廁設置在房屋的正中心，這在風水上為一大禁忌，所謂「陽宅第二兇，最忌廁居中」，此為大破財的格局。但是房屋入手時格局已定，應該如何化解呢？

如果是新房子或是要重新裝潢整修，可在浴廁磁磚尚未鋪設之前，平均灑放五色碎石水晶、36枚古錢、168枚錢幣（一元硬幣），來提昇浴廁氣場；但是如果無法重新整修，就必須隨時保持乾燥和整齊。另外也可於馬桶水箱上方放置3顆黃玉球。

浴廁不宜設置在房屋的正中心，是大破財的格局。

幸福浴廁Point 5　　擺設方法　＋　風水禁忌

　　廁所的擺設方法也有風水上的禁忌，例如：馬桶對到廁所門或大門，都會導致貴人和財不入；馬桶對到臥室床，將會導致男人攝護腺、女人子宮或下腹部有問題；馬桶對向外面馬路，主人煩惱多；廁所鏡面對到門，則會導致是非口舌多，亦因為容易在夜間驚嚇到自己，而造成精神耗弱現象，所以如果有對到，可以掛上門簾化解。

NG

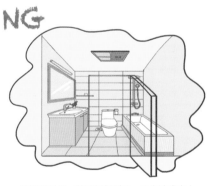

門象徵財庫。若馬桶對到門，即會造成貴人和財運過門不入。

NG

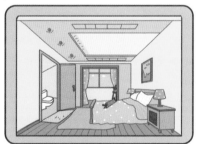

馬桶對臥室床，易導致男人攝護腺、女人下腹部出現問題。

Book 書房

　　書房就如同居家的辦公室一樣，兼具辦公與讀書的功能，也是開啟智慧與凝神靜氣的地方，書房寧可小而雅致，不可大而無用。很多人因為居家寬敞，設計了很大的書房，卻沒有發揮正常的功能，風水中的聚氣無法發揮，自然容易分散精神；反之書房如果太小導致壓迫感，都是不良的設計。

　　一個良好的書房設計，必須符合四個原則：第一，要明亮通風，舒適的光線與照明是書房重要的布置；第二，要安靜，吵雜的空間無法讓人心平靜氣的思考問題；第三，要雅致，書房需要一點字畫與花卉，甚至是簡單的收藏品，所謂的書香、茶香和花香，營造滿室芳香的環境，有利於讀書與思考；第四，要井然有序，將所有的物品擺放整齊，可以提升工作效率。

如何創造幸福書房？

幸福書房Point 1  **方位擺設** ＋ **靜心凝神**

　　書房是需要相對穩定與安定的場所，所以書桌的位置擺設很重要。一般來說，如果是專屬書房，書桌或辦公桌的擺設須以坐下來背後要「有靠」為原則，座位後方必須是實牆或書櫃，而且書桌不可面向窗戶而背向房門，也不可正對房門或側面鄰近房門，都易造成分心的情況。

　　再者，書桌和座位上方不可以壓大樑，但如果擺設好後才發現上方有橫樑壓住，該如何化解呢？首先，要看樑的寬度，如果橫樑寬度不及書桌的1/3，而且低下頭讀書或寫字時，上方的樑不會壓到頭，那就沒關係；但是若橫樑寬度大於書桌的1/2，就必須在書桌兩側擺放晶柱，象徵把樑頂住，功名利祿也較不易受阻。最後，書桌的前方、上方或側方都不適宜擺放鏡面，都會造成不專心的結果。反之，書桌周圍可以擺放書櫃，來增加讀書空間的穩定感。

書桌擺設須避免背後「無靠」，較無安全感；方位不宜面向窗戶而背向房門，易造成分心。

幸福書房Point 2

　　書桌的正上方或後上方不可設置冷氣，冷氣如果在書桌上方，就如同橫樑壓頂一般，易導致事業經營困難重重，而且冷氣直吹後腦勺，相當不利於健康，亦不容易集中精神。書房的光線不可太強或太暗，建議以日光燈和白熾燈交互使用為佳，可收動靜自如之效，但不能用過於花俏的彩燈設計，會令人眼花撩亂，頓生疲憊，同時也要避免用落地大燈直照後腦勺。

　　書房，是人們結束一天工作後，再次回到辦公環境的一個場所。因此，它既是辦公室的延伸，又是家居生活的一部分，其規劃應兼具恢復精神之效，若想放置沙發在書房，應考慮單張或躺椅式的設計而非全套沙發組。

書房的光線不可太強或太暗；冷氣出口不可在書桌前後的上方，會影響精神和身體健康。

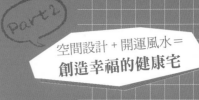
幸福書房Point 3　睡眠空間 ＋ 書房空間

　　有些家庭其實並沒有專屬書房，書桌必須跟睡覺的房間擺放在一起，這時該如何設計呢？如果房間夠大，那麼書桌還是以背後有靠為原則；但如果因為空間小的關係，而無法達成此一條件，則可以將書桌擺放在與門框平行的那面牆，簡單來說，就是將書桌面向牆擺放。那你可能會說，這樣不是就沒有背靠牆面了嗎？其實這是次好的書桌擺設法，因為書桌既沒有沖門，也沒有背門，這樣反而能夠專心讀書。此外，書桌亦不宜靠床太近，避免注意力轉移，影響判斷力和執行力。

臥室內的書桌擺設，若無法背後有靠，可將書桌設在與門框
平行的那面牆，此外書桌也不宜太靠近床邊。

🐰🐻 小孩房

　　小孩房的主要功能，就是滿足孩子「有個自由安全的小天地」的心情，讓他們在自己的環境裡快樂地學習和遊戲，並能獲得充足的睡眠，而且每一對父母在望子成龍、望女成鳳的心態下，都希望替孩子打造一個舒適的讀書空間與安全的成長環境。

　　在風水布置上，必須充分考量孩子的特殊需求，透過色彩、光線、家具與裝飾品，找到對孩子有利的能量布置，幫助他們在遊戲時天真快樂、發揮想像力，學習時能專心，睡眠時能夠舒適安定。而孩子長大後更需要自己的私密空間，能夠被尊重與不被過度干擾，因此父母更要懂得不動聲色地給予照顧。一間擁有良好設計的小孩房，必須具備安全成長、優質睡眠與良好學習的條件，這都是風水要考量的重點。

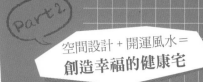

如何創造幸福的小孩房？

幸福小孩房Point 1

　　小孩房的布置不需要太複雜或華麗，應以兼顧舒適性與功能性為主。通常小孩房是睡眠、休閒與學習、置物與更衣的空間，所以在擺設上只要秉持簡單和實用的原則即可。至於床組方面，單人或雙人床都可以，須視現場空間而定。

小孩房的布置擺設應以簡單為主，才能為小孩的睡眠、休閒和學習加分。

幸福小孩房Point 2

常常會發現有這樣的狀況,明明小孩房的空間不是很寬敞,卻硬塞個雙人床,而犧牲其他的擺設或使用。如果是兩個小孩住一間房,也不建議使用上下鋪,因為空間感覺會受壓迫,睡下面的小孩在個性上會較沉悶,睡上面的就會經常不想在家,想要往外跑,可以的話使用兩張單人床較佳,或是用L型設計、子母床也可。

書桌擺設以不背門為主,可以跟書房擺設相同。至於衣櫃,如需擺設在床尾正前方,須考慮床尾與衣櫃的空間,如擺放的太近,會對小孩產生壓迫感;如擺在側方,須注意衣櫃角是否切到床。

如果家中有兩位小孩,不建議採用上下鋪的設計,多少會影響小孩的個性發展,盡量使用兩張單人床較佳。

幸福小孩房Point 3

　　小孩房絕對不要擺放電視及電腦，這樣孩子們才不會一回到家就窩在房間裡當阿宅，把電腦放在開放式的空間或共用書房中為宜。常見的案例是小孩房間很大，裡面設備又齊全，有電視、電腦、冰箱等，結果這些小孩都非常不聽話，有的甚至結交壞朋友。

小孩房內不可擺放電腦或電視，避免從小就過度沉迷於網路與影音。

幸福小孩房Point 4 空間尺寸 ＋ 穩定風水

　　不論居家空間大小，切忌小孩房大於父母房，容易造成子女性格比較叛逆。在書房風水中，人們最容易忽略裝飾品的問題，特別是兒童的房間，應該引起足夠的重視。清雅而舒適的書房，能使人力求上進、不斷努力，尤其有利於兒童的學習和成長。

　　一些不利於學習的物品，不要讓其進入兒童的視線。如：槍械、刀具等鎮物，會使兒童受驚嚇或產生暴戾的習氣；麻將紙牌類會使兒童「玩物喪志」而疏遠學習；錢幣、金銀飾品以及豪華布置會使兒童漸漸產生「思富求貴」、「安逸惡勞」的公子習慣；而猛獸怪物會增加孩子的恐懼心理、精神緊張等。另外，不宜將寵物飼養在小孩房，可能導致孩童呼吸道問題、增加空間的不穩定性。

以下推薦三大類的書房飾品（不拘限於兒童書房裡）：

1.花卉植物類：文竹、牡丹、君子
　蘭、蘭花、蔥芹、松梅等。

2.古聖先賢類：科學家、文學家、
　史學家及政治家的圖像，或古代
　先賢塑像、魁星（文昌）圖，或
　治學格言等。

3.吉祥動物類：鹿、金龜、文昌
　塔、八馬圖等物品或圖畫。

小孩房內不應飼養寵物，以及擺放相關怪獸與暴力傾向的物品或照片。

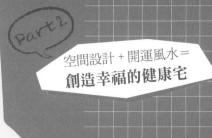
 陽台

　　陽台有分前陽台與後陽台，在陽宅風水上，前陽台代表了男、女主人的運勢，後陽台則代表子女未來的發展。如果房子有前、後陽台當然很好，但是需要保持乾淨整齊，有人的前陽台凌亂不堪，花草盆栽都枯萎了，還有人喜歡在陽台鋪設鵝卵石，但長久未清洗甚至長出青苔，都表示這家人毫無前（錢）景可言。

　　若家中沒有陽台，風水學認為，可能會造成人際上的損傷、對外發展的阻礙、甚至子女運勢的發展受限，日積月累下，勢必對家人運勢造成負面影響。所以建議不要為了想擴大房間面積，而將陽台整個打掉，其所造成的後遺症會漸漸顯現；但如果礙於空間的迫切需要而不得不將陽台打掉，也切記至少留一個陽台，那怕是小小的陽台，否則家中完全沒有陽台，就意味著沒有後路，沒有轉圜空間，也容易失去貴人和親友的助力。若人生只能進、不能退、不能轉彎，必會有意外事件而無法解決，故不可不慎。

如何創造幸福的陽台？

幸福陽台Point 1

　　基本上陽台要保持清爽與空間感。如果想種植盆栽須擺設整齊，數量則以單數為優，因為單數為陽、雙數為陰，而在空間畫面上單數也可以讓視覺較有變化感；盆栽種類以圓葉、闊葉為主，在風水上有生旺作用，葉愈厚大、青綠則愈佳，例如：萬年青、金錢樹、巴西鐵樹、棕竹以及發財樹等均是典型的植物；栽種面積不限定但高度不宜太高，以50～70公分為主，須適時修剪，避免遮蔽陽光，影響室內亮度；有刺的植物只能有一盆，種太多的話可能較易有骨刺發生。如要鋪設鵝卵石也須定期清洗，否則長青苔的話，會有腫瘤發生的可能；鋪設木板的話，須保持乾燥，避免木板腐爛發霉，這樣都會影響健康與財運。

　　一般後陽台會用來洗、曬衣服，也會作為儲物空間，其實沒有使用上的限制，但要注意通風、保持乾淨，如要堆放物品則放置整齊即可。

陽台要保持清爽乾淨，擺放植栽時，種類以圓葉和闊葉為主，數量以單數為優。

幸福陽台Point 2

現在很多房子因為想換取更多的空間使用，就把陽台外推，如果你的房子在建商交屋時就外推，基本上應該都有中庭設計，此中庭就代表整個社區的前陽台（前名堂），意味著所有住戶的前景，所以一樣不可髒亂。

如果在中庭鑿水池、種樹木，或作其他會使地皮陰濕的工程，都是大不吉的。但是有著寬大建築基地面積的中庭，尚容許如此設計，假如是平常的人家，絕不會設有很大的中庭，再挖池種樹，只怕這庭院要完全喪失性能了。想要有綠意的話，千萬不要種高大型的樹木，最好種些藤蔓類、長不高的灌木較好。藤蔓類植物的照顧並不費事，只要避開窗戶即可，以不妨礙日光的照射為原則。

小型中庭不可鑿池種樹，會使地皮陰濕的工程都是不吉的；最好種些藤蔓類或低矮的灌木較好。

　　從陽台往外望，看見前面有街道直沖，就是典型的「路沖」格局，主家中破財，是風水中大兇的格局。如果直沖而來的是條道路，而且長度還不算短，那麼這樣的風水格局就很兇了，而且是「越長越兇」，不過，車流量多寡亦有影響，越多就越具殺傷力，必須在陽台兩旁擺放凸鏡來擋煞。

　　陽台若面對兩幢高樓之間的一條狹窄空隙，就是所謂的「天斬煞」，此格局往往易造成血光之災，易中途敗財。另外，如果陽台面對著一排鋸齒形的建築物，主家中不祥，必須用凸鏡化解。城市的街道有彎有直，倘若從陽台往外望，看見屋前的街道彎曲，而彎角直沖陽台，類似弓弩對家宅張開欲射，這就是「街道反弓」的格局，主兇敗財。對於這些外格局煞，可在陽台或居家對應的方位多種植闊葉植物，如黃金葛、粗肋草等來化解擋煞。

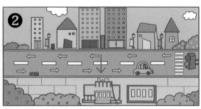

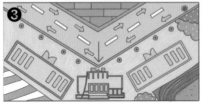

❶路沖❷天斬煞❸街道反弓，遇到這些外格局煞。可擺放凸鏡或闊葉植物等來化解。

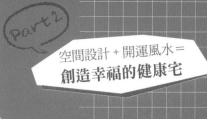

　　另外，陽台面對氣勢壓過本宅的建築物，例如：大型銀行、辦公大樓等，皆會對財運造成很不好的影響。最不應該的格局則是陽台正對陰氣較重的建築物，如廟宇、道觀、醫院、殯儀館、墳場，以及大片陰森叢林或形狀醜惡的山崗等。

　　一般陽台規格有兩種，一種陽台有窗（在陽台女兒牆上裝設窗戶），另一種陽台無窗。就陽台風水吉凶特性而言，陽台有窗會比無窗來的好。陽台有窗，就如同有一個敞開的空間，作為調和室內和室外的橋樑，代表了無限寬廣的發展能力。陽台是住家的明堂，以房屋格局來看，前陽台為朱雀，後陽台為玄武，各代表著居家的明堂和靠山，象徵家中的錢財倉庫。

　　至於陽台無窗的化解方法，可在陽台吊掛一個天然葫蘆或一串風鈴，風鈴的位置宜選在風來時偶有撞擊聲之處，不可掛在一直有撞擊聲或完全沒有撞擊聲的地方。若將風鈴運用得宜，可產生「聲名遠播」或「名利雙收」的風水效果。

就陽台風水的吉凶特性而言，有窗會比無窗來的好；
無窗的化解方式，是，吊掛天然葫蘆或風鈴即可。

 樓梯

　　在樓中樓或獨棟式建築物當中，樓梯具有承先啟後的重要作用。從住宅整體而言，樓梯具備向上蜿蜒的趨勢，似乎讓人看不到它的盡頭，故也有人把它看成主導未來的象徵，而有「家有樓梯，步步高」的說法。

　　樓梯設置須注意與整個住宅空間的風格一致，因為和諧與統一的概念是居家風水最主要的原則；如果樓梯的設置過於突兀，裝飾過於譁眾取寵，必然會讓居住在其中的人覺得不適。住宅內通往樓上的樓梯，不但能走人，還能運「氣」，加強「氣」在屋內的流動；相反地，要避免樓梯位置擺放不對，以致「氣」不順暢，攪亂氣場。樓梯本身是一節一節的，如果「氣」一進門就先遇見樓梯的話，一條條的橫切線就會把「氣」割斷，使「氣」不能順暢，氣場一亂，居室的環境自然不好，進而影響到住宅主人的健康與財富。

如何創造幸福的樓梯？

幸福樓梯Point 1　正對大門　＋　割斷氣場

　　樓梯設計應該盡量做到不讓樓梯口正對大門主要可採取三種方法：一、把正對著大門的樓梯轉一個方向。比如將樓梯的形狀設計成弧形，使梯口反轉方向，背對大門；二、把樓梯隱藏起來。最好隱藏在牆壁的後方，用兩面牆把樓梯夾住，就不會有「割斷氣場」之憂，同時增加主人上下樓梯時的安全感。至於樓梯下方的空間，則可設計成儲藏室或廁所；三、在大門和樓梯之間放置一個屏蔽，如屏風，使氣能順著屏風而入家門。

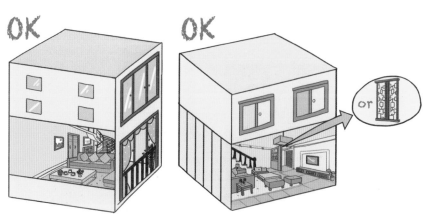

樓梯口要注意不能正對大門，一節一節的樓梯橫切線會隔斷氣場。

幸福樓梯Point 2

樓梯除了不宜正對大門口之外,另一個忌諱是將其設置在住宅的中心,因為房子的中央被稱為「穴眼」,是「氣」的凝結點。一般認為,這裡是全宅的靈魂所在,是最尊貴的地方。此一傳統說法沿襲至今,變成了以中為上、居中、不偏不倚等中國人的審美習慣。

如果把樓梯設置在屋子中央,則顯得「喧賓奪主」。人在樓梯上上下下,令這個地方喧鬧不寧,不僅浪費「穴眼」這一寶貴地帶,也帶有「踐踏」的不敬意味,無法給住宅主人帶來好運。

房子的中心稱作「穴眼」,是氣的凝結點,不宜在此處設計樓梯。

Part 3

從 10 坪到 100 坪！
單身族到三代同堂的空間故事

Part 3

從10坪到100坪！
單身族到三代同堂的空間故事

單身族的居住空間大圖解

不論是剛踏入社會的青年租屋族，還是越來越普遍、偏愛住在小套房的單身晚婚族，出外忙碌了一整天後，回到讓自己可以徹底放鬆休憩的家，接下來就是獨處的小時光。然而，有的人可以很快地適應個人的生活，有的人卻是適應困難，常感到孤獨和憂鬱。所以對單身族來說，居住風水對身心的重要性不言而喻，只要用心營造能夠帶來正面能量、令人心情舒坦的空間，一個人當然也能愉悅地享受單身生活！

單身族

單身的幸福小提醒

1 · 單身族的住家格局通常是「麻雀雖小，五臟俱全」，臥室、廚房、衛浴等均包含在同一空間，這樣的情形十分常見，因此要學習聰明地運用有限的空間，進一步讓居住的生活機能更好！

2 · 單身族因為是自己一人居住，反倒要更關心居住的環境品質，不應該養成隨意堆放物品的壞習慣，而是要規劃方便收納的空間，時常注意保持衛生與整潔。

3 · 因為在家獨處時間較長，要練習一人也能調適好心情，而合宜的風水設計能幫助穩定精神和健康，自然運氣也會好。

4 · 想要招來好桃花、好姻緣，就要注意居家的布置擺設，例如：用美麗的鮮花來裝飾、選擇暖色調來布置等。

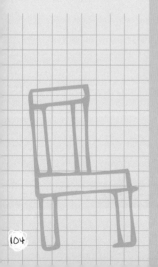

如何創造幸福的
單身空間？ Case1

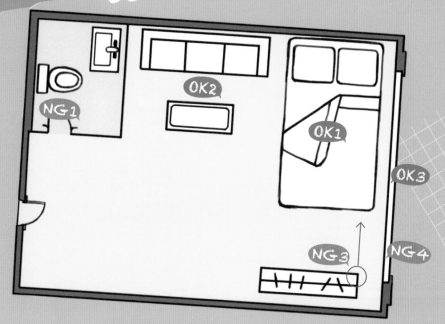

OK

OK1 床不對大門

床如果對著大門，容易造成血光之災或出現莫名的病痛。因為除了會將往生者這樣擺放外，是不會有人這樣擺的。

OK2 設有小客廳

雖然房子坪數小，但是將客廳設置出來，有助於待人接物，創造貴人運。

OK3 房間有窗

風水上說「無窗變成囚」，反之，房間如果設有窗戶，會使人心情開朗。

NG

NG1 開門見廁

影響：主爛桃花和破財。

如何化解：使用屏風或門簾遮擋。

NG2 沒有廚房

影響：廚房即「財庫」，沒有廚房代表「無財」。

如何化解：買個電磁爐代替。

NG3 衣櫃角切到床

影響：主血光之災。

如何化解：將家具移位。

NG4 穿堂煞

影響：主破財。

如何化解：使用屏風或窗簾遮擋「大門對窗」的情形。

如何創造幸福的單身空間？

Case2.

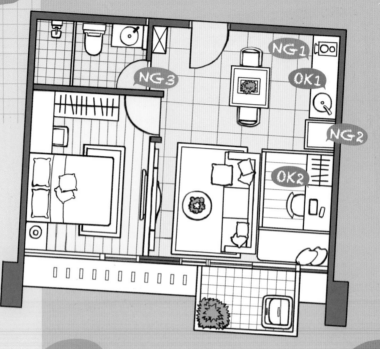

NG-1

OK1

NG-2

NG-3

OK2

OK

OK1 設有廚房

該有的空間不能省。小套房可設計單口爐，並讓水槽小一點，使料理台保有一定的作業空間。

OK2 書房為獨立空間

書房不宜設在臥房內，容易影響學習效果，因此若有獨立的書房比較理想。

NG

NG1 開門見爐灶

影響：現在很多的套房一開門，即見廚房在前面，此有家道中落的意味，容易破財不斷、難守財富。

如何化解：爐灶不用時，用蓋子遮擋起來。

NG2 冰箱對房門

影響：在房間裡的人容易腸胃不適。

如何化解：用門簾遮擋寒氣進入房間。

NG3 開門見廁

影響：主爛桃花和破財。

如何化解：使用屏風或門簾遮擋。

如何創造幸福的
單身空間？ Case3

Part3

從 10 坪到 100 坪！
單身族到三代同堂的空間故事

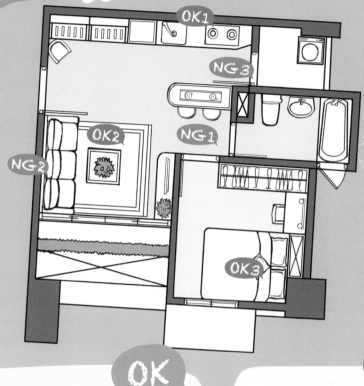

OK1

NG-3

NG-1

OK2

NG-2

OK3

OK

OK1 爐灶要靠牆

爐灶後方無靠，代表財無靠。一旦財沒有靠山，財運不穩，被人倒會或被騙的情形也會常發生。

OK2 客廳的地面不宜太光滑

居家風水以安全和健康為出發點。家中使用光滑或鏡面的地板，容易讓人受傷跌倒，走路時必須戰戰兢兢，連基本的安全都難顧到。

OK3 床未壓樑

若有橫樑壓在床的正上方，睡眠品質容易受影響，風水上更是忌諱，有所謂樑壓到哪裡，就會影響到身體哪裡的說法。例如：樑在頭上，易頭痛，樑壓在胸前，易胸悶。

NG

NG1 餐廳鄰近廁所

影響：容易食慾不佳，影響健康。

如何化解：作必要的遮擋，使廁所穢氣不要飄到餐廳。

NG2 沙發背門

影響：犯小人。

如何化解：改換沙發擺放位置或掛銅鈴。

NG3 大門正對後門

影響：主大破財、無防人之心，屬於穿堂煞最嚴重的一種。

如何化解：使用不透光的屏風或門簾。

如何創造幸福的單身空間？ Case4

OK

OK1 開門先見客廳，次見餐廳
象徵家庭和諧。

OK2 營造好氣氛的餐桌
象徵家中財氣生生不息。想營造用餐的氛圍，花卉不可少，此外還可以擺放水果。

OK3 餐椅有椅背
餐椅優先考量有椅背且舒適的款式，坐在沒有靠背的凳子上，讓人不由自主地只想趕快吃完起身。另外，家中若使用長方形餐桌，不妨可在主位擺放有扶手的餐椅，加深家中主人的權威感。

NG

NG1 大門旁是主臥房、沙發背窗
影響：均主犯小人、破財。
如何化解：主臥房加裝門簾遮擋，並改換沙發擺放方位。

NG2 冰箱對到廁所門
影響：冰箱不可與廁所門對沖，主健康和財運不佳。
如何化解：將冰箱移位。

NG3 化妝鏡對到門
影響：易生是非口舌。
如何化解：化妝鏡用厚布蓋上，要用時再掀開。

NG4 爐灶對後門
影響：不易生財。
如何化解：使用不透光屏風或門簾遮擋。

Column

單身族要關心的「臥房」風水問題

Point1 要有床座

床墊直接接觸到地板的話，濕氣較重，容易使個人健康產生問題，亦會影響睡眠品質，長久下來，會因精神不濟而影響工作表現。

Point2 床忌正上方有燈

燈如果擺在床的正上方，就像開刀房的手術燈一樣，被照射到的位置容易是身體最脆弱的部位。因此，不可讓燈直射床鋪，不但顧不好睡眠，健康也會出問題。

Point3 天花板造型

天花板最好的設計就是簡單優雅，不宜設計成「回」字型鑲嵌燈，容易成為過敏源，易生灰塵，感染呼吸道；風水上更是將床與天花板成一呼應，整體像個大蓋子將床鋪罩起來的樣子，可是代表會長眠不起。

Point4 床不宜向窗

床向著窗，人沒有安全感，睡眠品質容易下降；若是對面有住戶，有可能在不知不覺中房間被偷窺，隱私權被侵犯。

Point5 床頭後方不宜有窗戶

除了腳不宜朝窗，床頭後方也不宜有窗戶，因為風整晚吹向頭，容易造成頭痛，也會使睡眠品質下降，進而影響白天讀書、工作時的判斷力。

Point6 空氣須流通

臥房氣場不流通，呼吸就會不順暢，而且容易產生濕氣與穢氣，造成病痛問題，嚴重者還會有血光意外。

Point7 廁所門不宜對床

如果每天睡覺時，讓穢氣直接對著我們，皮膚長時間接觸不好的空氣，會出現嚴重的變化。

Point8 冷氣的位置

冷氣不宜直接對著頭部上吹，這跟窗戶不宜在床頭後方是一樣的原理。此外，床尾正前方也不適宜擺放冷氣，因為出風口的位置影響頭部。

Point9 電器不宜多

電器在五行中屬「金」。若是將過多的電器放在臥房，睡眠品質易有障礙。

Point10 臥房不宜設在地下室

「光線進不來，醫生跟著來。」臥房若設在地下室，不僅光線照射不到，連戶外的天氣是如何都不知道，這樣會讓人容易倦怠和不安，還有懶散和易怒。

新婚夫妻的幸福空間揭密

新婚的第一堂課就是相處，兩人從彼此不同的
環境到必須相互扶持與尊重，共同攜手創造幸
福的堡壘；這個堡壘就是家，家是每天朝夕相
處的空間，也是一個幸福的開始、一個共同奮
鬥的環境，風水無庸置疑地減少彼此的衝突，
營造成功的環境，舒適與安定的能量必能創造
幸福的空間。

新婚夫妻

新婚的幸福小提醒

1・新婚是開始練習適應彼此的生活，因此要先考慮雙方的
  生活習慣與小細節，再來規劃空間的設計，婚姻生活才
  會更愉快！

2・剛新婚時要注意工作與家庭之間的維護，回到家後要能
  夠完全放鬆，並樂於做家務，因此居家的動線設計就變
  十分重要。

3・營造共同興趣的空間氣氛，例如：一起喝咖啡的餐廳
  可以擺上小盆栽；一起讀書、看電影的客廳可以多加
  布置。

4・祝禱新生命的到來，同時也要思考居家的環境設計是否
  適合小寶貝的健康。

如何創造幸福的新婚空間？ Case1

OK

OK1 鞋櫃設在出門處右手邊

風水上強調左青龍、右白虎，鞋櫃擺放在虎邊上較理想。

OK2 作出玄關化解穿堂煞

作出玄關，並用屏風遮擋，避免一進門後即可直接從客廳望穿到陽台。

OK3 客廳要方正

客廳方正，象徵財官兩盛，具有大氣風範，可廣納四方財；若是不規則的格局，無論沙發如何擺，都會產生斜角，而斜角象徵家中成員容易產生衝突，也較會發生血光之災。

NG

NG1 水槽對主臥房門

影響：夫妻感情出現第三者，易有外遇發生。

如何化解：水槽移位或掛長簾。

NG2 內玄關擺放地毯

影響：容易將屋外的穢氣帶回。

如何化解：將地毯移放室外大門口。

NG3 床壓樑

影響：樑壓在頭上，長期下來頭部容易產生病痛。

如何化解：在床頭放置與樑等寬的床頭櫃。

如何創造幸福的新婚空間？ Case2

OK

OK1 小空間不宜做玄關

若房子坪數太小，就不要執意做出玄關，因為不僅缺乏意義，更會讓使用空間變得狹窄，製造更多糾紛。

OK2 廁所有窗

通風良好的環境產生舒適宜人的空間，而廁所更需要保持乾燥與通風，居家穢氣越少，財運越好。

OK3 沙發外型宜講究

基本上若是空間夠大，建議以傳統型的 1 人～3 人座沙發為主，以象徵包容和圓滿；現代的沙發外型多變，L 型的沙發表現出個人主義，自我風格強烈。

NG

NG1 水槽對主臥房門

影響：夫妻感情出現第三者，易有外遇發生。再者廚房熱氣對著房門，夫妻會常為小事爭吵。

如何化解：水槽移位或門掛長簾。

NG2 大門一開見廁所

大門是納財的氣口，廁所是穢氣集中地，兩兩相對或緊鄰都會影響財運；不過此案例加裝了隱藏式門片，故已經化解煞氣。

NG3 開門見餐桌

影響：陽宅風水有言：「開門不見廳，行事不光明；開門見餐桌，小破財不斷。」此格局主漏財。

如何化解：將餐桌上的物品收納整齊，並擺設鮮花裝飾。

如何創造幸福的
新婚空間？ Case3

OK

OK1 沙發與大門成一直線
若是開門直接面對沙發，不僅讓在家的人無法完全放鬆，也會使回家的人易受驚嚇。

OK2 開門見方形餐桌
小坪數的空間通常是開門見餐桌，就風水學來說，代表小破財不斷。但如果真的無法調整，就請以方形餐桌為主，並布置成像會議桌即可化解。

OK3 化妝台不對門
避免鏡子直接對門，平常可用布簾蓋住鏡子，待使用時再打開。

NG

NG1 床頭接近風口
影響：小孩的抵抗力較弱，如果睡覺時直接受風受寒，非常容易感冒，長期下來影響健康甚鉅。

如何化解：床移位。

NG2 書桌背門
影響：造成學習效果不良，專心讀書時易受驚嚇。

如何化解：書桌與衣櫃位置互換。

NG3 床直接靠外牆
影響：容易感冒。

如何化解：擺設床頭櫃，以免床直接靠外牆。

NG4 廚房對小孩房
影響：主病痛。

如何化解：掛門簾。

新婚夫妻要關心的臥房風水問題

Point1 臥房顏色

柔和的色彩有助於穩定情緒，增加夫妻的感情。善用桃紅色、粉紅色或是紫色系都會為感情加分。

Point2 臥房家具

造型宜簡單大方，須注意少用帶有銳角的家具，並避免體積大的家具直接對著床，造成很大的壓迫感。

Point3 臥房裝飾

裝飾以素雅為首要，且不宜擺上塑膠花或乾燥花。

Point4 花卉選擇

鮮花擺設在主臥房會使夫妻感情加溫，如：繡球花象徵圓融，百合花使情緒更美好。但要注意帶刺的花卉不能擺。

Point 5 面積宜大

主臥房的房間面積必須大於其他房間，但不能大於客廳，不然可會造成夫妻太懶散，不勤奮工作。

Point6 主臥房門不宜對廁所門

廁所是汙穢之地，若是廁所房對著臥房，臭氣每天薰著房間，不僅夫妻關係容易緊張，腸胃也會出現問題。

Point7 主臥房門對廚房

廚房為火，更是家中煮食三餐之地，熱氣對著房門，夫妻容易常為小事爭吵。

Point8 臥房衣櫃

衣櫃的門不宜有鏡面或是反光材質，過多的鏡面會招來夫妻之間相互猜忌。

Point9 床的選擇

中國人強調天圓地方，任何家具必須方正工整，切忌稜稜角角或是奇形怪狀。尤其是夫妻的床，忌諱用冰冷的鋼鐵鍛鑄，也不宜用圓形的床墊，及太軟或太硬的床墊，都容易造成睡眠品質下降，夫妻感情自然不和睦。

Point10 床的大小適中

一般雙人床的標準尺寸為5×6.2m，也有加大型的6×6.2m，都是符合夫妻共用的大小。但有些夫妻因為孩子的出生，就任意加床或床墊，要知道多出來的床，都不屬於夫妻所共有，嚴重者會有第三者產生。

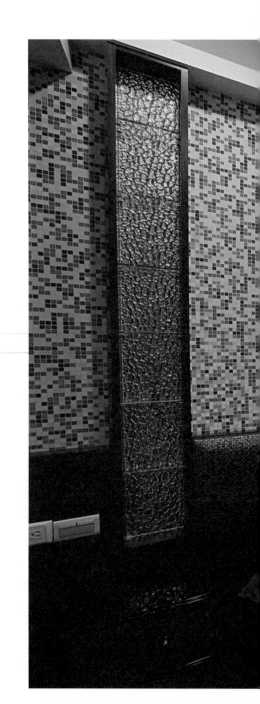

小家庭的靈活空間規畫

由夫妻倆和心愛的孩子所共築的小家庭，是現代工商業社會常見的家庭結構；也因為人口單純，一般都會選擇坪數不大的房子居住，雖然房子小小的，卻很溫馨，一家子彼此依靠和扶持，為了創造共同的美好未來而打拼。若能在空間規劃上多留意風水問題，將有助於工作穩定、收入提高，家人相處更加親密，孩子成為夫妻兩人愛的橋梁。

小家庭

小家庭的幸福小提醒

1. 小家庭因為屋內格局較小,要避免過度分隔空間,建議可以作複合式機能的空間設計。

2. 嬰幼兒房應該離主臥室近一點,方便父母可以照顧年幼的孩子,若孩子長大後,其房間也不宜離太遠,如此才有益於維繫彼此的感情。

3. 在打造甜蜜的小家時,可能預算相對有限,這時如果是中古屋,就要先修復好天花板和地板、水電配置等基礎工程,如果是新屋,就要先購入必備的家具,再來花錢規劃其它想做的設計。

4. 要注意空間配置須符合家人的生活動線,同時兼顧便利性與安全性。

如何創造幸福的
小家庭空間？
Case 1

OK

OK1 餐廳設在客廳和廚房之間

提供一個獨立舒適用餐的環境，更有四
平八穩的意味。此格局不但方便廚房出
菜，拉近女主人與家人的距離，同時也
增加了活動空間，並為儲備健康能量的
第一空間。

OK2 衛浴宜乾濕分離

浴廁是家中最易產生意外的地方，本來
就不宜潮濕。潮濕容易生霉菌，除了會
產生皮膚的問題，風水上只要濕氣重的
地方，都易聚陰，對家運不好。

NG

NG1 廁所鏡面對到門

影響：鏡子照門，主口舌。
如何化解：用長布簾遮擋。

NG2 主臥房門對小孩房門

影響：父母與子女容易因意見
不合而產生口角，而且小孩會
有不聽話的情形。
如何化解：掛上門簾。

如何創造幸福的小家庭空間？ Case2.

NG2
NG1
NG3
OK1
OK2

OK

OK1 衣櫃擺放位置＋櫃角修圓

衣櫃最好的位置是跟開門成 90 度角的位置平行，而最有可能就會位在床的正前方，倘若房間位置夠大，不僅不會產生壓迫感，也會使得擺放位置正確。

OK2 床的位置

很多朋友都為了床的位置傷透腦筋，一般來說房門的對角線，也就是明財位，也是擺放化妝台的位置，跟著化妝台平行，就是擺放床頭最好的位置。

NG

NG1 床前面是爐灶

影響： 床前面是爐灶，睡在主臥房的夫妻容易爭吵，床頭後面是爐灶，有火在頭上燒的現象，除了脾氣不好外，還會有睡眠障礙。

如何化解： 避開腳踢爐灶之情形。

NG2 床尾不宜擺電視

影響： 睡眠障礙、犯口舌。

如何化解： 移走電視或採用隱藏式設計。

NG3 衣櫃角對門

影響： 血光之災。

如何化解： 將衣櫃角修圓。

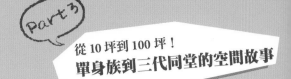
小家庭要關心的小孩房風水問題

Point1 色彩選擇

顏色應選擇較明亮、活潑之淺色澤，諸如白色、天空藍等，避免雜亂、沈悶之深色澤，明亮、艷麗的顏色有助於穩定情緒，塑造開朗的健康心態；牆面可裝飾藍天白雲，樹林花草等自然景觀，可以刺激兒童的視覺神經，滿足兒童對整個世界的想像。

Point2 光線照明

照明務必充足，若能設計可調控之燈光更好，區分為全面和局部兩種方式，一方面可以提供溫暖感及安全感，更有助於消除孩童的恐懼感。小孩房因為屬於多功能性，故當要提供玩耍之全照明，加強局部照明供讀書學習之用，亦應加裝小夜燈或感光裝置，適當提供照明方便孩子夜間醒來。

Point3 地板要防滑

地板除了要注意沒有凹凸不平整之外，更要注意防滑，因為地板是孩子最喜歡爬來爬去、翻身打滾的地方，所以地板材質必須有溫暖的觸感，但要避免長毛類地毯，以免影響呼吸系統；地板設計宜盡量符合孩子從嬰幼期到青少年成長過程中的需要。

Point4 家具要平滑

安全是小孩房設計時須考慮的重點之一。由於孩子正處於活潑好動、好奇心強的階段，容易發生意外，在設計時需處處費心，如在窗戶設護欄，而家具更要盡量避免稜角的出現，保持平滑或採用圓弧收邊等。

Point5 家具要簡單

由於孩子的活動力強，小孩房用品宜簡單，而且以柔軟的自然素材為佳，如原木或壁布等，這些材料不但耐用，也能為孩子創造適當的活動空間，營造舒適的睡臥環境。

Point 6 不規則的房間不宜當兒童房

不規則房間象徵不健全，容易導致小孩不健康的心理狀態，且易造成恐懼感和不安全感，影響甚大，不可不慎。

Point 7 家具不可成人化

家具款式宜簡潔、質樸、新穎，以符合孩子活潑好動的天性。簡潔，符合兒童的純真性格；質樸，能培育孩子真誠樸實的性格；新穎，則可激發孩子的想像力。卡通化的家具趣味十足，對誘發兒童的想像力和創造力大有好處。

Point 8 書桌擺放

(1) 不要正對門、背後及左右亦不可沖門。

(2) 不要面向浴廁，也不要背靠浴廁；左右不要與浴廁門相對。

(3) 不可在廚房灶台上下或浴廁之上下。

(4) 若面向屋外，不要正對巷子、路或水塔。

(5) 書桌前最好不要有高物壓迫，包括書架。

三代同堂的和樂融融透天厝

「三代同堂，歡樂滿堂。」祖孫三代同在一屋簷
下，分享彼此的喜怒哀樂，是華人社會傳統的家庭
型態，也最能夠落實孝道，並傳承寶貴的家族文
化。而風水在之中所扮演的角色，便是凝聚家中三
代的情感，增進家人交流、減少口角紛爭，同時希
望能滿足各人的生活需求，打造出具有正面磁場的
住宅，讓家庭事業兩面都興旺。

Part3

從 10 坪到 100 坪！
單身族到三代同堂的空間故事

三代同堂

三代同堂的幸福小提醒

1. 打造出大小適中、大家都喜愛的共同空間,有助於增進家人的互動交流。例如:採光明亮的餐廳、舒適通風的書房。

2. 強調安全性設計的空間配備,特別是在衛浴空間、樓梯、陽台等處要多加用心規劃。

3. 家中人口一多,東西收納起來就不容易,有些長輩更喜歡收藏一堆舊物品,因此建議設計機能性十足的收納櫃或是規劃良好的儲藏室。

如何創造幸福的
三代同堂空間？

Case1

Part 3

從 10 坪到 100 坪！
單身族到三代同堂的空間故事

NG3

NG1&2

OK1&2&3

OK

OK1 客廳的財位

明財位為入門口的 45 度角，明財位宜靜不宜動，宜實不宜空，也就是不宜在動線上，要為靜止不動，方能聚財。

OK2 客廳在前面

一進門即可見一家人的興衰，風水有云，「開門不見廳，行事不光明」。客廳是創造家庭和諧、事業順利的中心，一個良好客廳的打造，有利於人際關係的發展、長官的提攜。

OK3 客廳不宜太小

客廳小，房間大，客廳的聯誼功能就會變小，人際關係最易受到阻礙，全家人的溝通不易，大家下班各自回房，形同陌路。

NG

NG1 主臥房有更衣門

影響：形成「房中房」格局，夫妻易失和，有外遇。

如何化解：在衣櫃內藏葫蘆，或在臥房門口壓五帝錢，並用膠帶黏住，若怕過於明顯可鋪上地墊蓋住。

NG2 更衣門對到床中間

影響：子宮不好、腸胃出狀況。

如何化解：門角修圓。

NG3 床頭後方是浴室

影響：浴室的濕氣重，如果床擺在後方或是側方，會造成久睡不醒、起床懶洋洋或是多夢。

如何化解：換床位方向。

如何創造幸福的
三代同堂空間？
Case 2

1樓

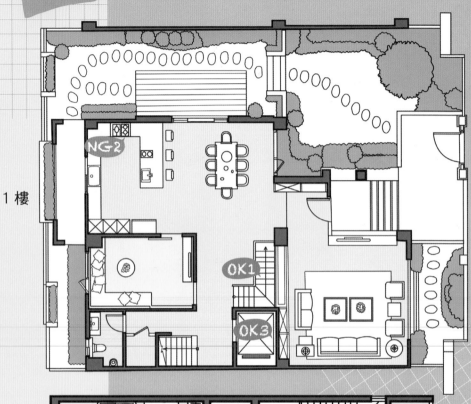

2樓

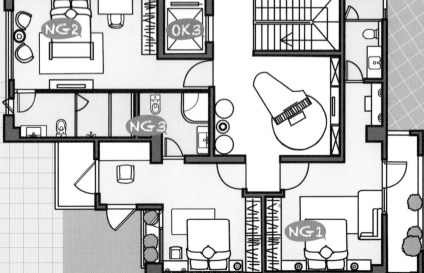

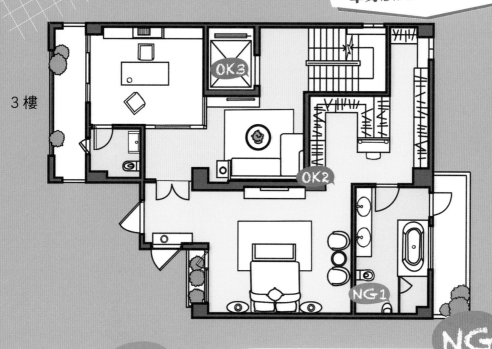

3樓

OK3

OK2

NG1

OK

OK1 開門未直接看到樓梯
樓梯的氣口直接朝下，門為納財氣之口，氣口對門，無法將財氣接住，反而直接流出，易有破財的徵兆。化解方式可在梯口擺上五帝錢加紅色地墊。

OK2 更衣室沒有門
減少第三者出現的機會。

OK3 電梯不對房門
避免血光與漏財的發生。

NG

NG1 床頭上方是浴廁（2樓的床頭對到3樓的浴廁）
影響：浴室如果設在床的正上方位置，有淋頭水的隱喻，會造成家運不興。
如何化解：
①改成跟 2 樓一樣的配置。
②床頭上方不能有水，將水槽、馬桶、浴缸移位。

NG2 床位下方是爐灶（2樓的床位對到1樓的爐灶）
影響：睡在上方的人脾氣不好、個性急躁。
如何化解：將爐灶移開。

NG3 浴廁居中
影響：浴廁不可設在房屋中心點，房屋中心點為土，浴室為水，土克水，腸胃不好；土亦是財，財被水克，財運不穩，也容易大破財。
如何化解：
①浴廁內擺上土種黃金葛，並放小燈 24 小時點亮，且保持浴廁乾淨。
②盡量布置有香氣的花卉、粗鹽及備長炭。

三代同堂要關心的客廳風水問題

Point1 客廳燈具選擇

客廳燈具要明亮，燈泡要以單數為主。客廳若大，建議擺放水晶燈聚財氣，千萬不要為了省錢只擺放一個小燈，或是在牆上連放三盞直燈，像三炷香一樣。燈在風水中具有「氣」的能量，客廳若很小，燈又很多，會使人不舒服且暴躁易怒。

Point2 骨董不宜

骨董很多都是從古墓挖掘出來的，已具有陰性氣場的靈性，建議不要擺在家中，畢竟陽宅，需要陽氣，如果家中已經有這些物品，切記必須點上朱砂或是底座用紅紙墊上，將其轉陰為陽，並定期在陽光底下曝曬，才能在家中擺放。

Point3 時鐘不宜亂擺

時鐘具有運轉與啟動的能量，不當的擺設可是會招來全家的壞運；而西方是太陽西下的位置，擺在西方有落日的隱喻。

Point4 客廳不宜擺不詳的飾品

很多裝飾品傳遞著藝術的氣息，但像一些牛角，或是獸頭、龜殼，老虎、刀劍等物品，擺在客廳具有肅殺之氣，也使人望之卻步，非但無法招來好運，也可能使全家陷入不和諧的氣氛。

Point5 天花板不宜太低、顏色太深

過度的裝潢會增加客廳的負擔，天花板過低或色調沉悶，都會破壞家中的溫馨與柔和，尤其是客廳為家中的核心地帶，其風格往往也代表主人的心性，過分低矮，家人有志難伸。

三代同堂要關心的書房風水問題

Point1 書房為獨立空間

書房不宜設在主臥房內，這樣容易造成休息與看書混淆，不僅影響睡覺的人，讀書也會產生壓力，因此如果有獨立的書房比較理想。

Point2 書房桌椅選擇

木製品比不鏽鋼製品來得理想，尤其是書桌，更要以穩重與安定為首要。桌子的前方不宜空，空代表前途不穩，而房屋主人用的書房椅子要有靠背及扶手，腳下有滾輪者更佳。

Point3 光線要充足

看書的位置若是光線不足，眼睛易疲勞，如果晦暗，人的心情跟著不好，看書沒有效率，也很難成就一番大事，更別談升官發財了。

Point4 色彩忌過多

書房是長時間思考與讀書的空間，一般待的時間會比較長，不建議使用太強烈的色彩，若是能與書櫃、書桌的色彩互相呼應，或是採用米色系，都會比較理想。

Point5 書櫃要整齊

書房越井然有序，代表工作效率可以提升，因此書櫃上的書最好能做好分類，並依序排列，一定會有加分的作用。

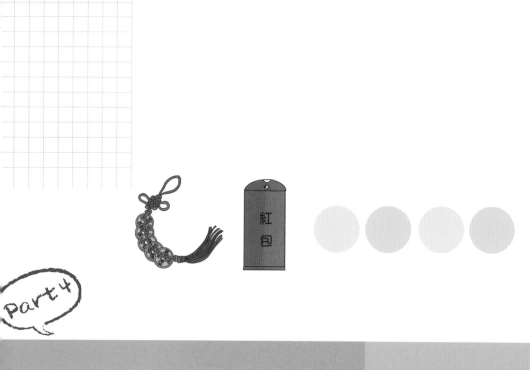

Part 4

幸福的開運小偏方

財富運

　　「金錢可以買到床，但買不到睡眠；金錢可以買到食物，但買不到健康；金錢可以買到房子，但買不到和諧；金錢可以買到婚姻，但買不到愛情。」什麼樣的財富運才是真正有意義的呢？想要得到財富之前，請先好好思考自己內心真實的願望。實現願望除了要靠自己平時的努力，下列方法將可以幫助你提高能量，早日達成目標！

財富運小偏方1 五方祈福發發招財轉運袋

準備物品

| 紅包 | 卡片 | 黑色簽字筆或原子筆 | 50元硬幣一枚、10元硬幣三枚、5元硬幣一枚、1元硬幣三枚 |

作法

(1)準備的總金額為88元，即代表發發！其中的50元、10元、5元及1元各一枚，必須跟銀行的服務人員兌換，總和為66元，即代表六六大順！而剩下的22元是自己皮包裡的錢，即代表利頭利尾！

(2)接著在卡片正面寫下最常用的銀行帳號、姓名、出生年月日，卡片背面寫下「對我生財」，並在正反兩面的四個角落簽上名或蓋上銀行專用印章。

(3)再將88元與卡片放入紅包袋，到住家附近的土地公廟過香火，之後隨身攜帶。選擇農曆正月十五日或農曆二月二日效果最好，或每月農曆初二皆可。

財富運小偏方 2　開運招財盆栽吉祥組合

準備物品

竹籃（綁紅色緞帶）

紅豆9顆

紅色色紙
（5×5cm，寫下
「對我生財」）

生對
財我

黃豆4顆

幸運盒
（若無幸運盒，
用紅包袋亦可）

常春藤

馬拉巴栗

黑豆1顆

綠寶石

作法

(1)將算好顆數的紅豆、黃豆、黑豆，以及紅色色紙放入幸運盒中。

(2)將幸運盒和三種盆栽一起放置於竹籃中，並放在客廳的西北方。

(3)西北方在陽宅風水中為君王，即為長官與貴人的象徵。西北方的代表數字為1、4、9，象徵顏色為紅色、黃色、黑色。運用此開運盆栽有助於貴人運、財運、健康、長壽、吉祥富貴。

註解

常春藤：代表永遠年輕、長青、生命力旺盛、平安避邪。

馬拉巴栗：別名發財樹。其枝幹肥大，擁有不畏艱難的含意，具擋煞和發財的象徵。

綠寶石：別名富貴樹。其葉片豐盛，狹長的葉片似芹菜，故有勤快之意。

財富運小偏方3 活用聚寶招財法(自製發財母錢)

準備物品

紅紙

五色碎石水晶

聚寶盆

 各國錢幣和隨身零錢

作法

(1)準備有開口且洞口深的聚寶盆。

(2)在紅紙寫下戶長的八字與居住地,置於聚寶盆最底層。

(3)然後將五色碎石水晶按順序擺放在聚寶盆中,由下至上為綠幽靈(木)、紫水晶(火)、黃水晶(土)、白水晶(金)、黑曜石(水),約七分滿。

(4)在最上層放世界各國的錢幣及自己隨身的零錢。

(5)最後將聚寶盆放在玄關處,如果錢存到逢七的倍數,就可收起來放進存款簿中。這是一個具有能量的發財母錢,存到一定的金額,拿來投資事業或置產,都會帶來好運。

愛情運

有人說，談感情「最悔錯過好對象，最怕碰到爛桃花，最恐成為剩男剩女。」在感情方面，我們絕對不希望遇人不淑，總是渴望談一場美好的戀情，遇見能託付終身的另一半，並且在學習相愛的過程中，能夠一起懂事和成長。筆者在此提供一些招桃花的好方法，幫你覓得好良緣！

愛情運小偏方 1　利用浴廁小物招正緣

你有沒有想過，浴廁中的瓶瓶罐罐可以招來好人緣，只要妥善地運用布置的小技巧，讓你好緣少不了！

白色

五行為金

代表：純潔、自信　　效果：情感安定

有對象者，若是感情上出現第三者，可使用白色增強自己的信心。

無對象者，不適合用白色。

綠色

五行為木

代表：勇敢、溫和　　效果：情感順從

有對象者，可以避免爭吵和意見不合。

無對象者，若發現自己的脾氣令人受不了，可藉由綠色緩和情緒，將帶來好的桃花。

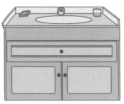

藍色

五行為水

代表：藝術、冷靜　　效果：情感順從、夢幻

有對象者，可以為平淡的愛情生活加點藝術的特質，也加點情趣。

無對象者，自我特質比較被動的人，可藉由藍色激發內心的感性與藝術細胞，以招來好的緣分。

紅色

五行為火

代表：熱情、勇敢　　效果：追求愛情

有對象者，可以增進彼此的愛情，十分適用於熱戀中的男女。

無對象者，可以利用紅色激發自己內心的渴望，勇敢表達內心的愛情，亦適用於暗戀者。

粉紅色

五行為火

代表：魅力、感性　　效果：追求愛情

有對象者，多用粉紅色可使另一半發現你的感性。

無對象者，在浴廁中多擺放粉紅色物品，可以增加女性的魅力。

紫色

五行為火

代表：浪漫　　效果：增進情趣

有對象者，可以使彼此的愛情生活中經常出現驚喜，多點愛情情趣。

無對象者，可以讓自己更浪漫，懂得掌握愛情。

橘色

五行為火

代表：互動、開放　　效果：勇於表達內心世界

有對象者，可以更勇敢表達彼此對愛情的忠誠度。

無對象者，可以讓自己變得觀念開放，懂得掌握愛情。

黃色

五行為土

代表：包容　　效果：愛情溝通無障礙

有對象者，可以使另一半更容易接納彼此的想法。

無對象者，可以增進自己的說服力，增強人際關係。

愛情運小偏方 2　廁所開桃花運祕法

　　廁所時常保持清潔，並擺設整齊，糊塗事情就會少。讓我們跟著下列四大重點，好好檢視一下自家浴廁有沒有這些問題吧！

加裝通風設備

黃色向日葵

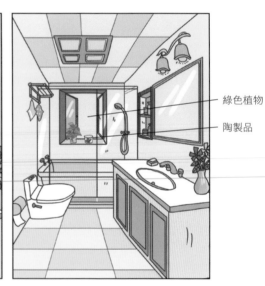

綠色植物

陶製品

Point 1　**廁所陰暗潮濕**

影響：情緒低落、無力沉悶

改善方法：裝設除濕設備，採用白色燈光，擺放黃色向日葵。在冰冷的牆壁適當地擺放植物或用陶製品裝飾，都有助於桃花和姻緣。

Point 2 廁所無通風設備

影響：招來是非糾紛、人際關係不好

改善方法：保持廁所乾燥，在洗臉台上擺放粉紅色或黃色的香水百合。

— 粉紅色香水百合

Point 3 小物品雜亂堆放

影響：思緒不平穩、判斷錯誤

改善方法：將物品排放整齊，使用高品質的清潔用品。

擺好的清潔用品

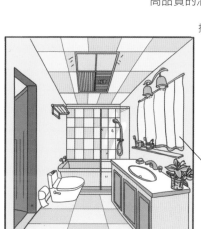

Point 4 鏡子霧濛濛

影響：穢氣臨頭、沒有好桃花

改善方法：鏡面要擦拭乾淨。如果鏡面對門，可使用布簾將鏡面遮住，要用時再打開。

用布簾遮擋

健康運

　　在現代社會裡，有越來越多的人長期過勞或心理壓力太大，這些人往往千求萬求的不是財富、事業、愛情，而是只求能夠擁有健康的身心，支持自己繼續往後的日子。我們平日就應該留心自己的身體和精神狀況，因為「健康」是你即使願意花再多的錢，也都買不到的東西！以下提供給各位一些小偏方，希望讓疾病遠離你，隨時元氣滿分。

健康運小偏方 1　健康的幸運物

準備物品

葫蘆　　　　　　　　少許粗鹽　　　　　　36顆長糯米

作法

(1)準備一個天然的曬乾葫蘆，在裡面放少許粗鹽與36顆長糯米。

(2)將葫蘆拿到保生大帝那裡過香爐，順時針繞三圈，再將求保生大帝的香灰置於葫蘆內，回家之後放在床頭前即可。

(3)葫蘆象徵「福祿」，具有收妖避邪、治病與增進財運的功效，在台灣流傳一句諺語說：「厝內一粒瓠，家內才會富」。意思是，在家裡擺放一個葫蘆能夠帶來好的財運。此外，長期服藥或想預防疾病產生的人，葫蘆同樣不可少！

健康運小偏方2 改善睡眠增健康

準備物品

4個竹籃

12根木炭

4串五帝錢

少許粗鹽

作法

(1)準備4個竹籃,在每個竹籃中都擺上1串五帝錢、少許粗鹽,和3根用紅色緞帶綁起來的木炭。

(2)將竹籃分別置於房間的四個角落,將有助於改善睡眠的品質。

(3)每隔一段時間必須把木炭拿出去曬太陽,將晦氣除去,才能重新啟動效果。

註解

木炭:具有天然除穢的能量,並有效的釋放負離子,吸收周圍環境的晦氣。由於木炭是黑色,直接擺放會使氣不順,因此必須綁上紅色緞帶,再用籃子裝起來。

五帝錢:為清朝皇帝順治、康熙、雍正、乾隆、嘉慶所用過的錢幣,具有抗煞避邪的功能。

粗鹽:具有除穢與淨身的功能。

健康運小偏方3　自製化煞除穢包

準備物品

36顆長糯米　　　　　　3片茉草　　　　　　　7片榕樹葉
（糯米須炒過）

少許粗鹽　　　　　　　拉鏈袋　　　　　　　用過的紅包袋

作法

(1)將準備好的物品（36顆炒過的長糯米、少許粗鹽、3片茉草和7片榕樹葉）
　 置於拉鏈袋中。

(2)再將拉鍊袋用紅包袋裝好後，隨身攜帶，即是最好的防身物品。

(3)如果感覺最近的身體狀況不佳或是運氣不好時，將拉鍊袋的內容物丟棄，
　 重新製作即可。

事業運

　　在職場上，有些人能夠找到合適的工作，不但有良好的工作表現，還受到主管重用、升官發財，一路走來可謂一帆風順。但相對的，一定也有些人非常努力卻不得助力，不是經常換工作，就是受到長官誤會或遭到同事排擠，使得加薪困難。筆者教各位運用以下的小方法，使你在上班當中開心快樂地迎接工作！

事業運小偏方1　工作平步青雲，穩如泰山

準備物品　五帝錢、雙面膠

作法

(1)將五帝錢拿去大廟的主爐過完香　　火。

(2)作法時間選擇農民曆上的祈福日即可，將五帝錢沿著書桌正下方的大抽屜擺放，注意其順序為：由左下角「順治」到左上角「康熙」，右上角「雍正」再擺到右下角「乾隆」，最後中間放「嘉慶」。

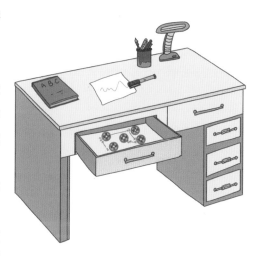

(3)記得五帝錢要用雙面膠黏好，並且不要讓人任意看見，建議可用物品遮住，效果才會顯著。

事業運小偏方 2 防止職場小人與是非

準備物品

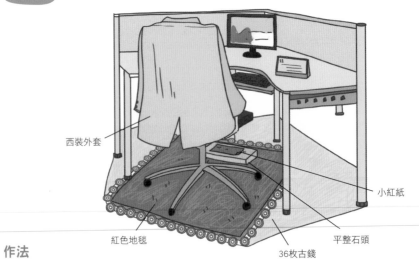

西裝外套

小紅紙

紅色地毯

平整石頭

36枚古錢

作法

(1)將36枚古錢拿去大廟的主爐上過香火。

(2)然後將物品依後述方式擺放在辦公室內。首先,將紅色地毯平置於椅子下方,再將古錢沿著四周平均擺放,並用雙面膠固定住。

(3)最後將西裝外套放置在椅背上,平整石頭則置於腳下,放好後所有的儀式便完成了!

註解

石頭:上班時踏一下石頭,即有腳踏實地的意味。選擇的石頭最好是雙腳可平放的大小,並貼上小紅紙。

紅色地毯:即坐鴻運的意味。若沒有,可以換成紅色坐墊。

西裝外套:目的在增加自己的地位。

事業運小偏方 3 找自己的貴人

　　利用生肖中的三合貴人，來找到自己職場上的好幫手吧！留意一下身邊工作夥伴的生肖，是否互為彼次的貴人，如果周圍剛好有這樣的同事，必然會是你職場上的左右手。

地　支	配　　合　　生　　肖		
申子辰	猴	鼠	龍
巳酉丑	蛇	雞	牛
亥卯未	豬	兔	羊
寅午戌	虎	馬	狗

家庭運

　　「家」是一個人的根，是給予我們精神與力量的源頭。家庭和樂，彼此間互相扶持，自然有助於家中成員的發展；反之，家庭失和，互相傷害與爭吵，同樣也會帶給全家人不好的運勢影響。也因為家庭對我們有如此深遠的影響，碰到家庭問題時應該積極面對並解決，選擇逃避，絕非上策。下列方法將有助於活絡氣場，以提升家庭運。

家庭運小偏方 1　麒麟

　　「麒麟」是中國古代的虛擬神獸，有傳說言：「摸摸麒麟的頭，一輩子不發愁；摸摸麒麟的角，升官發財樣樣好；摸摸麒麟的牙，金銀財寶往家爬；摸摸麒麟的背，長命又百歲；從頭摸到尾，一輩子不後悔」。

作法

　　在居家的陽台或是玄關處擺上一對麒麟，有助於家宅平安與和諧。每天摸一摸，全家都好運！

家庭運小偏方2 水晶蓮花

　　水晶是一種高能量的寶石，我們都知道玉可以避邪，但到底是如何避邪呢？避邪就是避開的意思，正常來說，我們只要飲食正常、生活規律，氣場光鮮亮麗，邪氣根本不會靠近；但是如果飲食不正常，或是過分勞累、睡眠嚴重不足、生病時，就會導致氣場混濁，邪氣容易靠近，換句話說，就是要倒大楣了！

作法

　　水晶可以使居住周圍的氣場活絡，有避邪擋煞的功能；而蓮花具有安定的效果，擺在入門玄關處或是房子入門的45度角，都可以使家宅平安和諧。

家庭運小偏方 3 六帝錢獅咬劍

　　一般認為獅子是吉祥的瑞獸，因此，獸牌上面大多刻著獅子咬著一把劍的圖案，又稱為「咬劍獅王」或「劍獅」，具有辟邪和祈福的作用。

作法

　　家人若常有意見不合或是經常爭吵不休的情況，可以在沙發的正前方擺上六帝錢獅咬劍。

考試運

　　每個人一生中都會面臨大大小小的考試，從攸關個人的升學考、證照考或檢定考，到攸關社會大眾的國家考試，每次的考試就像是一次自我檢測，對努力準備的考生來說，當然都希望自己能「一試定江山」，並且名列前茅、金榜題名；然而，除了自己用功之外，考運也是很重要的！試著使用下列方法，增進考運，讓你考起試來更加得心應手。

考試運小偏方1　拜對文昌考運來

　　每年農曆二月三日是文昌帝君的生日，記得準備好下列供品拿到文昌君廟拜拜，以祈求考運亨通。拜完後再將供品放進去煮湯，可以保佑家中成員有聰明智慧、判斷力和分析力。記得，不可以將丸子和蛋放在一起煮，否則祈求會失效喔！

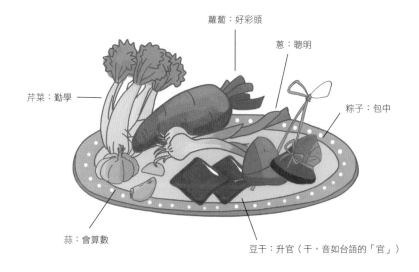

蘿蔔：好彩頭

蔥：聰明

芹菜：勤學

粽子：包中

蒜：會算數

豆干：升官（干，音如台語的「官」）

考試運小偏方2　開運竹加黃水晶

　　將七棵開運竹綁上紅色緞帶，加上黃水晶，放置在書桌的左上方。此作法可以讓頭腦更加清晰、處事更有智慧，而黃水晶也有招來財富與穩定情緒的功能。

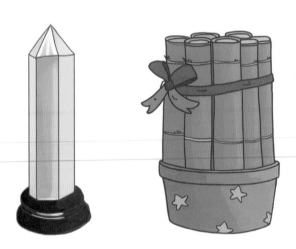

附錄：九宮飛星

　　每年一到過年前（農曆正月十五日），都會有很多人迫不及待想要知道，到底今年的財位、文昌位、桃花位在哪裡，又該如何在這些方位佈局，以求事業上鴻圖大展、財運亨通，家中孩子學業順利、前途看好，甚至單身者可以遇見不錯的對象、締結一段好姻緣。

　　而什麼是「九宮飛星」呢？其又稱玄空飛星、紫白飛星或九宮飛泊，原理是以宅基座山入中宮順飛，因此去年的流年病符位，可能變成了今年的桃花位，而今年的文昌位也可能是明年的是非位，此「九宮飛星圖」的奧秘，同樣體現了中國人常言的「風水輪流轉」的道理。如果想知道每年該如何改變佈局，就必須先了解九宮飛星的吉凶與不同方位的對應關係。在這邊先提供給大家未來十年的九宮飛星圖，藉由每年飛星的轉動，調整好自我的房屋磁場，讓您迎向幸福的每一天、每一年。

九星所屬如下

★一白（水）

如何佈局：想招桃花或是使夫妻感情加溫的人，可在此方位放上八朵去除帶刺的玫瑰鮮花或是粉水晶；已婚者可放上夫妻相片，未婚者可以放上對方相片，並在對方相片的背面放上自己的照片，如此一來能使兩人更甜蜜。

★二黑（土）

如何佈局：如果家中有人生病或是想預防疾病的發生，可在此方位掛上開過光的葫蘆或是銅製麒麟，利用金氣來洩去二黑中的土氣，均能使病符兇星降到最低。

★三碧（木）

如何佈局：想增強自我的人際關係與表達力，或是化解小人的問題，可在此方位放上九朵玫瑰花（紅色鮮花）或是多放些紅色物品，也可放一盞紅色的燈，長期點亮，都可以化解這顆兇星。因為木可以生火，利用五行相洩的原理即可化解。

★四綠（木）

如何佈局：如果家中有讀書升學的學子，此方位可以放上四支水種的開運竹來催動，亦可以準備四隻毛筆及四張小紅紙，在紅紙的內面寫下自己的姓名及生辰八字，並捲在筆尖處，將此四隻毛筆拿去文昌君廟過香火，回來後直接掛在此方位即可。

★五黃（土）

如何佈局：五黃兇星的破壞力遠大於二黑病符星，但化解的原理是一樣的，利用金來洩土的煞氣，而且更需要運用聲音來化解，所以此方位可放上六帝錢鈴鐺或是銅製麒麟，並避免擺放黃色與紅色的物品，更不得在此方位動土，以免發生突如其來的意外。

★六白（金）

如何佈局：為主要權力管理的方位，亦代表技術層面與勞動性，如果家中有人從事警政、軍事、技術與運動員等職業，或必須依靠體力、經常在外走動的工作，在此方位可以放上銅馬或是銅製麒麟，亦可放置八顆黃水晶或黃玉石，都會使升遷加速和財運提升。此外，它也是事業發展與驛動的方位，影響層面如搬家、職場轉換等。

★七赤（金）

如何佈局：七赤的凶星很強，必須要小心，如果不慎催旺，可能影響家運，是一個破財的方位，宜靜不宜動，更不可以放流動性的物品。此方位可以掛上桃木劍與黑曜石，將破財的機率降至最低，以洩肅殺之氣，而達到陰陽調和。

★八白（土）

如何佈局：為九星中力量最強的吉星，可以利用屬火或屬土的紅黃兩個元素，來達到火生土的功效。在此方位可放上聚寶盆或黃色撲滿，在最底部放上168元，象徵財運一路發，並在168元上面放一張紅紙，在紅紙寫下「對我生財」與自己的生辰八字，讓財運隨著每天的存錢能量，而達到催旺的效果。

★九紫（火）

如何佈局：九紫喜慶為火，利用木來生火，而達到木火通明之象，即使不急著嫁娶或是添丁，亦是一個實踐夢想的方位，可以善加利用。在此方位可放上闊葉植物或是紅色的燈，亦可將自己的夢想寫下來放在此方位，都有助於願望早日達成。

九大吉凶方位擺設品示意圖

甲午年的九宮飛星圖（民國103年）

西北 三碧	正北 八白	東北 一白
「是非星」，五行屬木，影響範圍包含官司、口舌、是非、爭鬥和小的劫難。3	「旺財星」，五行屬土，影響範圍包含財運、升官。8	「桃花位」，五行屬水，影響範圍包含姻緣、人際關係、夫妻關係。1
正西 二黑	**中宮 四綠**	**正東 六白**
「病符星」，五行屬土，影響範圍包含健康，尤其是婦科與腸胃病。2	「文昌星」，五行屬木，影響範圍包含考試、進修、升職、名譽。4	「武曲星」，五行屬金，影響範圍包含驛馬、武職、財運。6
西南 七赤	**正南 九紫**	**東南 五黃**
「破軍星」，五行屬金，影響範圍包含破財、牢獄之災、小偷等。7	「喜慶星」，五行屬火，影響範圍包含各種喜慶吉事。9	「凶星」，五行屬土，影響範圍包含疾病、災禍。5

左上：紅色燈、9朵玫瑰　　中上：聚寶盆、金元寶　　右上：粉水晶、8朵玫瑰
左中：銅麒麟、葫蘆　　　中：4支文昌筆、4支幸運竹　右中：銅馬、黃色琉璃獅咬劍
左下：桃木劍、黑曜石　　中下：紅色燈、闊葉植物　　右下：銅麒麟、葫蘆

乙未年的九宮飛星圖（民國104年）

西北 2 二黑病星	正北 7 七赤破軍星	東北 9 九紫喜慶星
正西 1 一白桃花星	中宮 3 三碧是非星	正東 5 五黃煞星
西南 6 六白武曲星	正南 8 八白旺財星	東南 4 四綠文昌星

丙申年的九宮飛星圖（民國105年）

西北 1 一白桃花星	正北 6 六白武曲星	東北 8 八白旺財星
正西 9 九紫喜慶星	中宮 2 二黑病星	正東 4 四綠文昌星
西南 5 五黃煞星	正南 7 七赤破軍星	東南 3 三碧是非星

丁酉年的九宮飛星圖（民國106年）

西北	正北	東北
九紫喜慶星	五黃煞星	七赤破軍星
正西	**中宮**	**正東**
八白旺財星	一白桃花星	三碧是非星
西南	**正南**	**東南**
四綠文昌星	六白武曲星	二黑病星

戊戌年的九宮飛星圖（民國107年）

西北	正北	東北
八白旺財星	四綠文昌星	六白武曲星
正西	**中宮**	**正東**
七赤破軍星	九紫喜慶星	二黑病星
西南	**正南**	**東南**
三碧是非星	五黃煞星	一白桃花星

己亥年的九宮飛星圖（民國108年）

西北 7	正北 3	東北 5
七赤破軍星	三碧是非星	五黃煞星
正西 6	**中宮** 8	**正東** 1
六白武曲星	八白旺財星	一白桃花星
西南 2	**正南** 4	**東南** 9
二黑病星	四綠文昌星	九紫喜慶星

庚子年的九宮飛星圖（民國109年）

西北 6	正北 2	東北 4
六白武曲星	二黑病星	四綠文昌星
正西 5	**中宮** 7	**正東** 9
五黃煞星	七赤破軍星	九紫喜慶星
西南 1	**正南** 3	**東南** 8
一白桃花星	三碧是非星	八白旺財星

辛丑年的九宮飛星圖（民國110年）

西北 5	正北 1	東北 3
五黃煞星	一白桃花星	三碧是非星
正西 4	中宮 6	正東 8
四綠文昌星	六白武曲星	八白旺財星
西南 9	正南 2	東南 7
九紫喜慶星	二黑病星	七赤破軍星

壬寅年的九宮飛星圖（民國111年）

西北 4	正北 9	東北 2
四綠文昌星	九紫喜慶星	二黑病星
正西 3	中宮 5	正東 7
三碧是非星	五黃煞星	七赤破軍星
西南 8	正南 1	東南 6
八白旺財星	一白桃花星	六白武曲星

癸卯年的九宮飛星圖（民國112年）

西北 三碧是非星	**正北** 八白旺財星	**東北** 一白桃花星
正西 二黑病星	**中宮** 四綠文昌星	**正東** 六白武曲星
西南 七赤破軍星	**正南** 九紫喜慶星	**東南** 五黃煞星

懂風水,住旺宅 : 完全圖解居家風水,結合空間設計與開運風水,
營造招財納福的健康宅! / 鄭雅匀作.
-- 初版. -- 新北市 : 智林文化, 2014.02
面; 公分. -- (新生活視野 ; 25)
ISBN 978-986-7792-63-1(平裝)
1.相宅
294.1   103001341

新生活視野25

懂風水,住旺宅

完全圖解居家風水,結合空間設計與開運風水,
營造招財納福的健康宅!

作　者 / 鄭雅匀
編　輯 / 曾瓊儀、王元卉
美術編輯 / 許銘芳
封面設計 / 果實文化設計工作室
插畫 / 王為詩、蘇斑誗、陳筱祺
攝影 / 蕭維剛
出版者 / 智林文化
地　址 / 新北市中和區中山路2段530號6樓之1
電　話 / (02)2222-7270　傳　真 / (02)2222-1270
網　站 / www.guidebook.com.tw
Facebook / www.facebook.com/bigtreebook
E-mail / notime.chung@msa.hinet.net

■發行人 / 彭文富
■劃撥帳號 / 18746459 ■戶名 / 大樹林出版社
■總經銷 / 旭昇圖書有限公司
■地址 / 新北市中和區中山路二段352號2樓
電話:(02)2245-1480‧傳真:(02)2245-1479

初版一刷 / 2014年03月
定價 / 320元
ISBN / 978-986-7792-63-1